HISTOIRE

DE LA

CANONISATION

DU

BIENHEUREUX BENOIT-JOSEPH LABRE

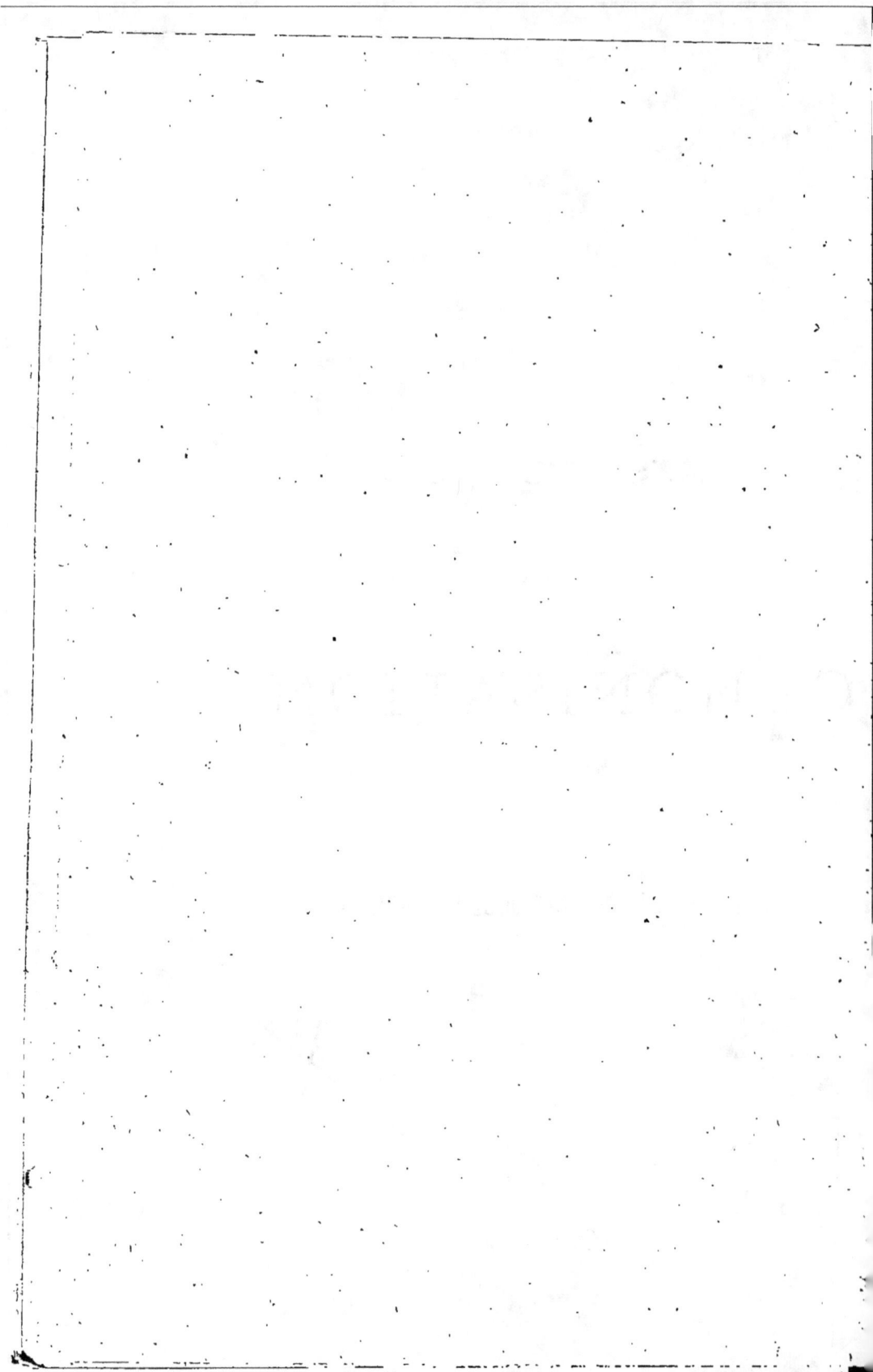

Celui qui s'humilie sera exalté. (St LUC XIV, II.)

BIENHEUREUX BENOIT-JOSEPH LABRE

Priez pour nous

HISTOIRE

DE LA

CANONISATION

DU

BIENHEUREUX BENOIT-JOSEPH LABRE

Avec un Guide du Pèlerin aux diverses stations de sa vie

PAR

L'Abbé DERAMECOURT

PROFESSEUR D'HISTOIRE AU PETIT SÉMINAIRE D'ARRAS

Ouvrage approuvé par Mgr l'Évêque d'Arras
Boulogne et Saint-Omer

Qui se humiliat. exaltabitur.
Celui qui s'humilie sera exalté.
(St Luc. XIV, 11.)

ARRAS

E. BRADIER, LIBRAIRE-ÉDITEUR
50, rue Saint-Aubert, 50.

1881

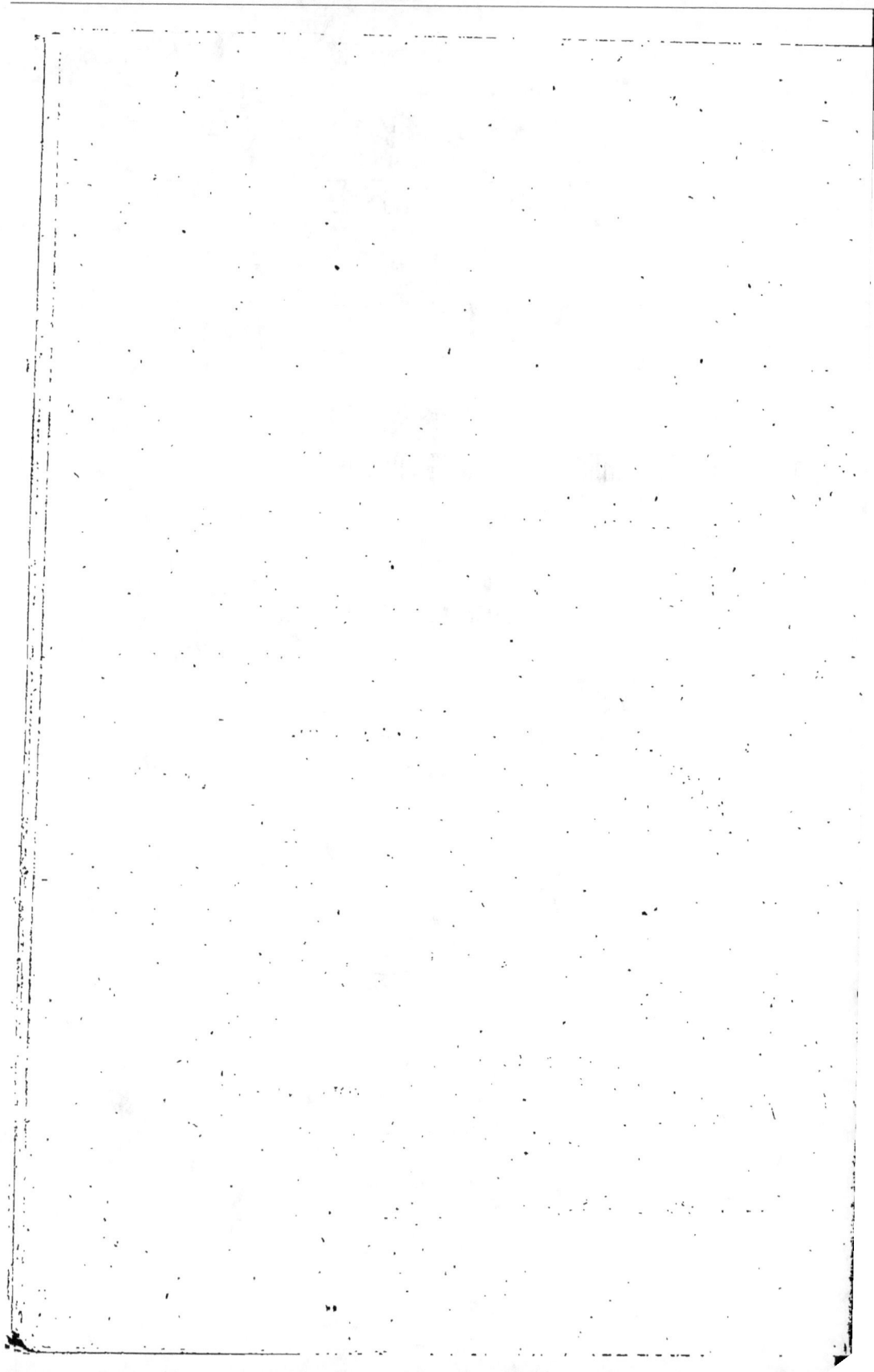

DÉDICACE

MONSEIGNEUR,

Vous avez bien voulu agréer les premières pages de l'*Histoire de la canonisation du Bienheureux Benoît-Joseph Labre*, permettez-moi de vous offrir les dernières, ou plutôt, le livre tout entier.

Il vous appartient à beaucoup de titres. L'idée mère émane de votre zèle pour la gloire du Bienheureux dont vous êtes à la fois l'évêque, le compatriote et le plus fidèle pèlerin ; les matériaux dont il se compose sont sortis presque tous de votre bibliothèque épiscopale ; le but qu'il poursuit n'est que de réaliser le plus cher de vos vœux, la propagation du culte du nouveau saint.

On dit, qu'après la mort de Benoît-Joseph, une odeur suave s'exhala de sa dépouille et embauma longtemps la pauvre chambre qu'on lui avait prêtée pour rendre le dernier soupir ; sa vie posthume a continué de répandre des parfums tout célestes qui doivent fortifier et réjouir les chrétiens. Si les mains inhabiles qui voudrait contribuer à à leur diffusion les ont laissés se perdre, rendez-leur Monseigneur, au moins une partie de leur efficacité en bénissant à la fois les lecteurs et l'auteur de ce petit livre.

Cette bénédiction de son Evêque dont Benoît-Joseph était si avide qu'il l'alla chercher à pied d'Amettes à Boulogne, avant d'embrasser sa rude vie de pèlerin, sera l'une des meilleures faveurs qui puisse ambitionner pour ses humbles travaux, Monseigneur,

De votre Grandeur, le respectueux serviteur et fils en N.S,

A. DERAMECOURT.

Petit Séminaire d'Arras, 31 Mai 1881.

APPROBATION

MON CHER ABBÉ,

Il me tardait de voir terminée l'œuvre à laquelle vous avez bien voulu consacrer votre plume, pour la glorification de notre Bienheureux Benoît-Joseph Labre. J'étais sûr d'avance qu'elle aurait répondu à mes encouragements.

J'ai lu avec le plus vif intérêt l'histoire de cette canonisation qui va bientôt recevoir son couronnement dans la splendide solennité en ce moment préparée dans la ville éternelle. Je ne doute pas que les lecteurs de votre pieux livre ne partagent aussi cet intérêt. En suivant les détails si bien retracés d'une cause qui a duré presque un siècle, ils verront avec quelle sage lenteur, avec quel scrupuleux examen, le Saint-Siége procéde avant de décerner les honneurs d'un culte public à ceux dont les vertus extraordinaires ont frappé les regards des peuples. Ils verront en même temps quels titres puissants présentait à ces honneurs l'humble enfant d'Amettes, et dès lors, leur dévotion envers le Saint qui sera desormais la gloire du diocèse d'Arras n'en deviendra que plus ardente et plus expansive.

Tel sera, j'en ai la confiance, l'heureux fruit du travail auquel vous vous êtes livré avec non moins d'aptitude que d'amour pour notre bienheureux compatriote.

Je vous envoie donc de tout cœur, mon cher abbé, avec mes félicitations, la bénédiction que vous sollicitez pour les lecteurs de votre livre.

Agréez l'assurance de mon dévouement affectueux en N. S.

† JEAN-BAPTISTE-JOSEPH

Ev. d'Arras,

Boulogne et St-Omer.

LA CANONISATION

DU

BIENHEUREUX BENOIT-JOSEPH LABRE.

Le culte public des saints, le respect de leur
mémoire et les honneurs rendus à leur dépouille mortelle furent, de tout temps, le privilège de l'Eglise catholique et l'une de ses premières leçons. C'est auprès des tombeaux des
martyrs que se réunissaient les premiers chrétiens, les jours de leur triomphe marquèrent
parmi les premières fêtes et c'est au récit de
leurs souffrances que les survivants se prépa-
raient à les imiter. Ceux qui avaient fait profession de foi en face des persécuteurs et à
qui souvent il ne manquait que le dernier
coup de la mort recevaient le nom de *confesseurs.*

1

C'est seulement au Ve siècle, que ce dernier titre fut étendu aux fidèles qui s'endormaient dans la paix du Seigneur, après une vie de justice ou de pénitence. Saint Martin de Tours paraît avoir joui le premier de ce privilège ; encore Sulpice Sévère fait-il observer « qu'il ne lui manqua rien que l'occasion de répandre son sang». Le saint nom de martyr décerné, pour ainsi dire, par acclamation ne tarda pas cependant à attirer la sollicitude de l'Eglise, aussi attentive à réprimer le zèle indiscret, qu'à exciter une sainte émulation ; les évêques se réservèrent d'abord le droit d'offrir le premier encens sur les tombeaux et d'inscrire les noms des martyrs approuvés dans les fastes de l'Eglise. Telle fut la première forme de la canonisation. Le culte des confesseurs, plus récent et plus sujet à l'illusion, fut entouré de plus de précautions encore et les conciles, qui vont du VIe au IXe siècle, sont pleins de lois ecclésiastiques ayant pour objet de réprimer les dévotions arbitraires ou de tracer les règles du culte légitime. Jusque-là pourtant le culte des saints paraît n'avoir été subordonné qu'à la prudence des évêques ; c'est au Xe siècle seulement, ou plutôt en 993 que, de l'aveu de tous, le droit de canonisation fut attribué, d'une manière exclusive et incontestée, aux seuls souverains pontifes.

La liste des canonisations s'ouvre donc, en 993, par S. Udalric et S. Arduin, et la première décrétale acceptée comme loi solennelle dans la matière, est du pape Alexandre III, en 1172. Elle porte textuellement « qu'il n'est permis d'honorer aucun homme, quand même il aurait fait une multitude de miracles, sans l'agrément de la Cour romaine ». Aussi autoritaire qu'elle paraisse, cette loi est éminemment sage, et aucune église particulière n'a jamais protesté contre un changement de discipline qui donne à la vénération publique une garantie plus absolue. Du reste, nous verrons plus tard que, dans ces graves circonstances, le Pape pousse les précautions aux dernières limites de la prudence et de la temporisation.

Depuis la canonisation de S. Udalric en 993 jusqu'à celle de Ste Germaine Cousin et des martyrs du Japon, célébrée le 29 juin 1867, les annales de l'Eglise présentent les actes certains de 191 canonisations. Celle du Bienheureux B. J. Labre sera donc la 192e.

La Basilique Vaticane fut presque toujours

le théâtre de ces solennités. Une bulle de Benoît XIV *Ad sepulcra apostolorum* parait même les lui confirmer comme un droit ; toutefois diverses nécessités ont plusieurs fois obligé les souverains pontifes à y déroger.

Pendant les troubles politiques qui forcèrent les papes à quitter Rome, au XIIIe et au XIVe siècle, plusieurs canonisations furent célébrées dans les villes où ils s'étaient réfugiés ; S. François d'Assise notamment, fut canonisé à Pérouse par Grégoire IX en 1228 ; S. Dominique à Rieti en 1234, Ste Claire à Anagni en 1255 ; S. Louis, roi de France, à Orvieto, par Boniface VIII, en 1297.

A Rome même, S. Vincent de Paul, S. François Régis et Ste Catherine de Gênes furent canonisés dans la Basilique de St-Jean de Latran, en 1737.

Parmi les canonisations les plus célèbres on nous permettra de citer enfin celle de 1622, qui réunit, dans la même solennité, S. Philippe de Néri, S. Ignace de Loyola, S. François Xavier et Ste Thérèse et celle de 1726 qui réunit avec plusieurs autres S. Jean de la Croix, S. Louis de Gonzague et S. Stanislas Kostka.

Si l'on veut récapituler, siècle par siècle, le nombre des saints solennellement canonisés, notre siècle paraît devoir l'emporter de beaucoup sur ses devanciers. On compte en effet 3 canonisations au Xe siècle, 19 au XIe, 38 au XIIe, 29 au XIIIe, 11 au XIVe, 15 au XVe, 11 au XVIe, 24 au XVIIe, 29 au XVIIIe et 39 au XIXe.

Sur ce nombre, la France ne compte guère plus de douze de ses enfants, et S. Benoît-Joseph Labre sera certainement le premier de notre diocèse.

En procédant par analogie avec les causes criminelles qui sont débattues devant nos tribunaux et pour mieux suivre les différentes phases du procès de la canonisation des saints, nous donnerons d'abord quelques notions : 1° sur le tribunal devant lequel il se plaide ; 2° sur la procédure qu'il subit ; 3° sur le jugement solennel qui le termine. Nous étudierons ensuite brièvement, au point de vue de la canonisation, les vertus, les miracles et le culte du bienheureux Benoît-Joseph Labre.

I.

LA CONGRÉGATION DES RITES (1)

Le jour où l'Eglise romaine reçut le privilège redoutable de prononcer sur les honneurs que l'on doit aux saints, elle dut instituer un tribunal pour étudier, discuter et résoudre cette grave question : ce tribunal s'appelle la Congrégation des Rites qui s'occupe encore, comme son nom l'indique, de tout le détail des offices et des cérémonies ecclésiastiques. Cette Congrégation se compose essentiellement de cardinaux. Sixte-Quint, son fondateur, en nomma cinq ; plus tard on en compta sept et quelquefois neuf. L'un d'entr'eux est président perpétuel ; dans chaque cause le Pape nomme un rapporteur. Tous sont tenus au secret le plus inviolable. Ils peuvent se choisir chacun deux théologiens ou canonistes

---

(1) Nous ne faisons que résumer ici l'excellent opuscule de Nicolas Beaudeau, dont l'analyse qu'il fit du grand ouvrage de Benoît XIV, a reçu les éloges et l'approbation de Benoît XIV lui-même. Migne, *Grand Cours*, tome VIII.

qui s'obligent,comme eux,par serment,au secret. Le Pape nomme encore des juges consulteurs également astreints au secret; quelques
officiers de la Cour pontificale,comme le Maître du Sacré Palais,et quelques auditeurs de
Rote sont consulteurs-nés. L'usage à Rome est
de choisir les consulteurs dans certains ordres
religieux,renommés d'ailleurs par leur science, les Dominicains, les Mineurs, les Barnabi-
tes, les Servites et les Jésuites. La Congrégation a aussi ses officiers. C'est d'abord le
promoteur de la foi, dont la fonction ressem-
ble à celle des avocats généraux de nos Cours
souveraines,et qui fait naître les difficultés. Il
est vrai que comme juge il peut ensuite, si
la cause lui paraît bonne, opiner contre le sentiment que ses fonctions de promoteur lui
faisaient soutenir. Viennent ensuite le secrétaire,le proto-notaire, le sous-promoteur, le
notaire, les procureurs, les avocats consis-
t.riaux, au besoin des interprètes, des médecins, des physiciens, et des mathématiciens
quand les circonstances l'exigent. Ces derniers officiers, choisis avec intelligence, ont
des fonctions parfaitement déterminées et,
afin de mieux éclaircir les questions les plus

graves, on prend le souci de les nommer deux par deux, l'un pour soutenir l'affimative et l'autre la négative. Urbain VIII avait même défendu d'imprimer les procédures ; cette défense a été levée, mais le nombre des imprimés est très limité et chacun d'eux doit être signé par le sous-promoteur. En dehors de la Congrégation, il y a à Rome des solliciteurs ou postulateurs qui se chargent de poursuivre l'expédition des causes ; les consulteurs ne peuvent pas accepter cet emploi.

Ce n'est pas dans les assemblées ordinaires et mensuelles de la Congrégation des Rites que se traitent les graves questions de béatification et de canonisation ; on tient pour cela des séances extraordinaires. Une première séance a lieu au palais du cardinal rapporteur, qui entend tour à tour l'avis de tous les consulteurs, sans donner le sien. Une deuxième séance se tient au palais pontifical, pour instruire, des circonstances et des difficultés de la cause, tous les cardinaux du tribunal. Dans une troisième séance, enfin, la Congrégation générale se tient en présence du Pape. Les consulteurs y parlent debout et sortent aussitôt, prêts à rentrer, s'ils sont rappelés. Les cardinaux disent ensuite leur sentiment. Quatre questions ou doutes se posent dans ces assemblées; trois avant la béatification, la première sur les vertus, la deuxième sur les miracles, la troisième sur la béatification elle-même ; une seule se pose après, à savoir s'il faut procéder à la canonisation. C'est cette dernière qui se posait en faveur de notre Bienheureux, le 14 janvier 1873, par l'organe du cardinal Patrizi, rapporteur de la cause, et à laquelle tous les cardinaux et consulteurs répondaient unanimement par l'affirmative.

II.

LE PROCÈS DE CANONISATION.

C'est de l'évêque diocésain qu'émanent régulièrement les premiers actes qui doivent conduire un serviteur de Dieu aux honneurs de la canonisation. Le procès commence par deux informations différentes, l'une qui a pour but de constater la renommée publique de ses vertus et de ses miracles, l'autre qui recherche si on lui a rendu quelque culte public. Car telle est la sévérité du célèbre décret du pape Urbain VIII, sur la prohibition de ce culte public, que le mépris de cette loi rend absolument nulle toute autre procédure, et que ses infracteurs sont frappés des peines canoniques les plus rigoureuses. Ceux qui ont fait le pélerinage d'Ars savent avec quelle sévérité sont exécutées ces règles, pour empêcher qu'aucune espèce de culte ne soit rendue au saint curé. Ils trouvent, avec raison, que M. Viannay est bien moins honoré après sa mort qu'il ne l'était durant sa vie.

Quand la Congrégation des Rites a autorisé les sentences de l'ordinaire diocésain, et que les écrits des serviteurs de Dieu, s'il en est, ont été scrupuleusement compulsés, examinés et approuvés, quand dix ans entiers se sont écoulés depuis que les actes dressés par l'évêque diocésain ont été portés à Rome, le Pape autorise l'ouverture du procès de béatification.

Ici s'ouvre une vaste carrière d'informations lente, sévère, telle que Rome seule la sait et la peut parcourir. Trois évêques délégués du Saint-Siège reviennent sur le bruit commun des vertus et des miracles, et c'est après la vérification détaillée de leurs rapports que la Congrégation procède à l'examen de chaque vertu et chaque miracle. Les vertus théologales, la foi, l'espérance et la charité, les vertus morales, la prudence, la justice, la force et la tempérance, sont tour à tour l'objet d'une enquête longue, minutieuse et approfondie. Aucune vertu médiocre n'entre en partage des honneurs du culte public, et si les citoyens ou les guerriers, qui n'ont rendu à la patrie que des services ordinaires, n'ont aucun droit à ses hommages solennels, à plus forte raison les justes, qui meurent sans éclat, dans le baiser du Seigneur, ne sont-ils pas admis à servir de modèles. L'Eglise ne veut montrer à ses enfants que des exemples qui les étonnent, qui les ravissent, qui les confondent. L'héroïsme est l'empreinte générale de toutes les vertus des saints qu'elle canonise. Quelques œuvres éclatantes, quelques vertus portées même à la plus haute perfection ne lui suffisent pas encore, la sainteté doit être entière et, pour imposer silence à la cause, il suffit d'un seul défaut grave. Le mérite du héros de l'Eglise ne doit pas seulement être sans tache, il doit encore être persévérant. C'est cette constance, manifestée par des progrès sensibles, qui forme le second caractère de la sainteté.

Or, quand les vertus théologales, manifestées par des œuvres, ont été vérifiées par les enquêtes et les dépositions des témoins, quand elles ont grandi, pour ainsi dire, de jour en jour, jusqu'au dernier soupir, quand les vertus cardinales, sanctifiées par l'influence de la religion, sont venues enrichir et compléter les vertus théologales, sans défaillance et avec un progrès continu, ne peut-on pas reconnaî-

tre que l'on se trouve en présence d'âmes
véritablement héroïques ?— L'impiété même
ne saurait refuser son suffrage à la sagesse
qui dirige un tel examen, ni son respect à la
sainteté qui sort victorieuse de pareilles
épreuves.

Les miracles ne sont pas l'objet d'un examen
moins sérieux que les vertus. Voici les règles
pleines de sagesse et de clarté qui servent à
l'Eglise romaine pour les discerner. Cinq qualités principales doivent en démontrer la vérité : 1º l'efficacité, et non une trompeuse apparence; 2º la durée, et non un prestige passager ; 3º l'utilité, car Dieu ne prodigue pas
en vain sa puissance ; 4º le moyen, c'est-à-
dire quelque prière ou pieux désir, et non
l'artifice; 5º l'objet principal, qui ne peut être
que la gloire de Dieu et le bien des hommes.

Le nombre des miracles réclamés pour la
béatification est fixé seulement à deux, ce qui
n'empêche pas la Congrégation des Rites d'en
examiner et d'en approuver souvent un plus
grand nombre. Mais on réclame des preuves
indubitables et des témoins tels que la plus
insigne mauvaise foi n'en saurait contester la
force probante. Ainsi, ils doivent être deux ou

trois qui parlent unanimement sur le même fait et ses principales circonstances. Il faut en outre qu'ils soient témoins de premier ordre, c'est-à-dire rapportant ce qu'ils ont vu ou entendu par eux mêmes : on ne reçoit guère les ouï-dire, à moins que le bruit accrédité ou des monuments authentiques ne donnent la même certitude. Il faut enfin que les déposants remplissent toutes les conditions d'âge, de qualités, et de connaissances que réclament à la fois le droit civil et le droit ecclésiastique. Il faut, en résumé, que les faits soient prouvés avec la même exactitude, et le procès instruit avec autant de sévérité, que s'il s'agissait de la punition d'un crime, par une sentence capitale.

Tous les miracles, quoique véritables, n'offrent pas le même caractère de merveilleux. Les uns renversent, d'un coup, l'ordre de la nature et paraissent exiger toute la puissance du créateur ; d'autres moins étonnants pourraient s'attribuer à des intelligences supérieures à celle de l'homme, ou réaliser subitement des révolutions que l'homme peut occasionner lui-même, par le secours de l'art. Ces dernières, qui se composent surtout de guérisons, doivent être revêtues de nombreuses condi-

tions, pour être mises au rang des vrais prodiges. Nous pourrons en passer la revue, à
propos des plus récents miracles de notre
Bienheureux. Car il faut ajouter qu'après la
béatification, la Congrégation des Rites exige
au moins deux nouveaux miracles, pour autoriser la reprise d'instance et le procès de
canonisation. En un mot deux objets résu-
ment toutes les discussions de faits : Premiè-
rement, ces faits sont-ils bien prouvés ? Deu-
xièmement, ces faits sont-ils surnaturels ?

Reste un dernier privilège des saints, sur lequel la Congrégation des Rites jette aussi les
yeux, ce sont les grâces extraordinaires dont
ils furent récompensés pendant la vie et que
leur suffrage obtient après la mort. Quand
toutes ces grâces ont pour loi fondamentale
l'utilité de la Religion et le bien des âmes,
l'Eglise ne dédaigne pas de s'arrêter, un instant, sur les dons de science, de sagesse, de
persuasion, de prophétie et d'intelligence, sur
les extases, les visions, dont jouirent ses plus
illustres enfants. Elle se souvient néanmoins
des réserves de Jésus-Christ lui-même à ce
sujet, et elle les discute avec la plus grande
sévérité.

Une dernière illusion pourrait nuire à la sincérité des débats qu'amène ce grand procès, c'est l'enthousiasme, l'entraînement irréfléchi, qui suit ordinairement la mort des saints personnages ; l'Eglise, qui a pour elle la promesse du temps aussi bien que celle de l'éternité, laisse tomber les premières ferveurs et mourir les premiers témoins, avant de terminer ses procédures et de prononcer ses jugements ; elle ne consent même à discuter les vertus d'une personne préconisée que cinquante ans après son décès.

Enfin, quand le Pape à recueilli les opinions des membres de la Sacrée Congrégation sur les miracles et réglé sa manière de voir sur l'avis dominant, qui doit réunir au moins les deux tiers des voix, après avoir prié, prononcé enfin, et expédié le bref de béatification, commence un nouveau procès, celui de la canonisation.

Pour qu'on puisse reprendre le procès d'un béatifié, en vue de la canonisation, il faut avant tout qu'il s'opère de nouveaux miracles. C'est seulement quand ils se sont assurés de ces nouveaux miracles, au nombre de deux au moins, que les solliciteurs de la cause demandent ce qu'en terme de chancellerie on appelle la reprise de l'instance.

Il faut une nouvelle signature du Pape, pour que la cause soit de nouveau introduite, et on ne l'obtient qu'en affirmant que de nouveaux miracles se sont opérés et que le bruit de la sainteté s'augmente de plus en plus. La requête des solliciteurs est représentée d'abord dans une séance ordinaire de la Congrégation des Rites, le cardinal rapporteur donne le sommaire des nouveaux faits miraculeux, et, d'habitude, la demande d'instance ne souffre pas de difficultés. Le promoteur lui même se réserve pour les nouvelles procédures.

Quand le Souverain Pontife a signé la reprise de la cause, les informations des juges délégués commencent. Autrefois on exigeait une nouvelle étude des vertus; on se contente aujourd'hui de celle des nouveaux miracles.

Rien n'est grave et solennel comme cette enquête habituellement confiée aux premiers dignitaires de l'Eglise : c'est dans une chapelle, ou tout au moins dans une sacristie, jamais dans des endroits profanes, qu'ils reçoivent les témoignages, et après avoir fait jurer

sur les saints Évangiles tous ceux qui compa-
raissent de parler selon leur conscience. Le
refus d'obéir, aussi bien que l'indiscrétion
sont frappés des plus terribles censures. Les
juges même sont excommuniés, s'ils se rendent
coupables d'un pareil crime. Entre deux séances, tous les registres sont scellés, et quand
l'information est terminée, on en fait la clôture par la souscription et avec le sceau de
tous les délégués. Le courrier enfin, qui porte
les pièces à la Congrégation des Rites, jure
qu'il s'acquittera fidèlement de sa mis-
sion.

Alors recommence la série des trois congré-
gations extraordinaires, dont nous avons parlé
à propos de la béatification, congrégation
antépréparatoire, congrégation préparatoire
et congrégation générale présidée par le
Pape.

Quand approche le terme de cette série d'é-
preuves, le Pape, dont le ministère infaillible
est sur le point de s'exercer, et qui considère
comme un de ses devoirs les plus graves et les
plus doux de décerner les palmes de la sainteté et le culte public aux héros de la religion,

fait intervenir à nouveau ces deux grands éléments : la prière et le conseil.

La prière, qui a précédé chacune des phases du procès, devient alors publique et officielle dans toute la ville de Rome ; le conseil, le Pape le réclame encore dans trois consistoires successifs.

Dans le premier consistoire, ou consistoire *secret*, le Pape traite de la canonisation à la tête du collège entier des cardinaux. Le secrétaire a eu soin de distribuer par avance un abrégé de la vie, des vertus et des miracles du serviteur de Dieu. Le président de la congrégation fait son rapport et chaque prélat donne son avis. Dans le second consistoire, ou consistoire *public*, avec le Sacré-Collège et tous les évêques présents à Rome, sont convoqués tous les consulteurs et officiers de la Congrégation des Rites, les dignitaires de la Cour romaine, les députés des villes pontificales et les ambassadeurs des puissances catholiques. Devant cette assemblée nombreuse, des avocats consistoriaux célèbrent les mérites du serviteur de Dieu dont la cause est introduite. Vient enfin le troisième consistoire, ou *semi-public*, qui n'est composé que des

cardinaux et des évêques présents à Rome.
Voici comment S. E. le cardinal Pie raconte
l'impression produite sur lui par les consistoires semi-publics des 12 et 14 juin 1867 (1) :
« Pour rien au monde je n'eusse manqué à
ces consistoires. Le reste était accessoire à
mes yeux : ceci était le principal. Et je dois
dire que de toutes les réunions, les consistoires sont celles qui m'ont le plus impressionné.
Ces pontifes, venus de tous les points du globe,
énonçant leur sentiment sur la sainteté des
personnages appartenant à toutes les nations ; l'Occident disant son avis sur le bienheureux Josaphat Kunecwich, archevêque du
rite grec ; l'Orient, dans ses idiomes divers,
arménien, cophte, arabe, syriaque, exprimant son suffrage sur nos martyrs et nos
missionnaires latins, sur nos pieuses vierges
de Naples et de Pibrac : c'était quelque chose
de saisissant ! Voilà les spectacles que donne
l'unité de l'Eglise catholique et apostolique,
assemblée pour vérifier en son propre sein la
note de sainteté reluisant dans quelque-uns
de ses membres d'élite. »

[1] *Œuvres de Mgr de Poitiers*. t. VI, p. 79 et 80.

Quand la sainteté est sortie victorieuse de cette dernière épreuve, le Pape désigne l'église qu'il a choisie pour la cérémonie de la canonisation, nous avons dit que c'est ordinairement la Basilique du Vatican, et Rome se prépare à cette incomparable solennité.

III.

LA SOLENNITÉ DE LA CANONISATION.

Ayant à parler de l'une de ces cérémonies splendides, qui sont l'honneur et le triomphe de l'Eglise romaine, on nous permettra, pour donner plus de relief et plus de vérité à notre tableau, d'en emprunter les principaux traits aux fêtes à jamais mémorables de la canonisation des martyrs du Japon, célébrées le 29 juin 1867. Rome nous donnera une idée du sublime spectacle dont nous pouvons espérer bientôt, autant du moins que le permet la tristesse des temps, voir la représentation.

Rome, la ville chrétienne, n'avait pas, au temps des Papes, ses parades italiennes et ses manifestations révolutionnaires, mais elle avait ses fêtes religieuses. Les riches et les dévots y venaient des extrémités du monde, les populations voisines avec l'aube s'y rendaient en grand nombre, et c'est au milieu de leurs rangs pressés et pittoresques que défilait la grande procession qui, dès sept heures, inaugurait la cérémonie.

Cette procession partait de la chapelle Sixtine, au chant de l'*Ave Maris Stella*. Tous ceux qui y prenaient part marchaient sur deux rangs, tenant d'une main un cierge allumé et de l'autre un petit livre de prières imprimé pour la circonstance. Les orphelins marchaient en tête, puis le clergé régulier, le clergé séculier, les chanoines des Basiliques, enfin les membres de la S. Congrégation des Rites.

Venaient ensuite les bannières des Bienheureux qui allaient être canonisés, déployées pour la première fois. On suit pour les prières, les décrets et l'ordre des différents saints, les degrès de la hiérarchie ecclésiastique et, quand les dignités sont égales, le droit de l'ancienneté. Chaque bannière est entourée des ordres religieux ou confréries auxquels chaque Bienheureux a appartenu, des représentants des églises qui s'honorent de sa naissance, et des membres de sa famille selon la chair.

Après les bannières, on voit s'avancer la chapelle pontificale, ses chapelains, ses avocats consistoriaux, ses camériers, ses chantres, ses différents collèges et tous les officiers qui portent les insignes du Souverain-Pontife. C'est ensuite la croix papale et son nombreux cortège, le clergé d'office revêtu des ornements pontificaux, les abbés, les évêques, archevêques et patriarches des différents rites présents à Rome, les cardinaux diacres, les cardinaux prêtres et les cardinaux évêques, marchant deux à deux et portant les ornements de leur ordre. Plus près de sa Sainteté marchent les officiers du trône, les diacres assistants, toute la noble garde pontificale rangée autour de son noble chef, et enfin, sur la *sedia gestatoria* le Pape lui-même assis, la tiare en tête, enveloppé dans les plis du manteau pontifical, portant lui aussi un cierge allumé dans la main gauche et bénissant de la droite son peuple agenouillé. Un corps nombreux de dignitaires apostoliques ferme la marche.

Quand, le 29 juin 1867, ce cortège auguste, après avoir traversé le portique des Suisses, est entré dans la Basilique Vaticane, celle-ci présentait un spectacle d'une magnificence inouïe. Autour de l'immense bannière du prince des Apôtres apparaissaient celles des nouveaux saints, au milieu des tentures de soie et de l'éclat éblouissant de quinze mille cierges. La croix gigantesque de S. Pierre, surmontée de la Tiare et des clefs en cristaux du plus vif éclat, dominait ce merveilleux tableau.

C'est alors que la cérémonie de la canonisation commença. Le Saint-Père étant assis sur son trône, entouré de toute sa cour, le cardinal procureur de la canonisation s'avance devant le trône, accompagné d'un maître des cérémonies et d'un avocat consistorial qui, au nom de son Eminence, dit au Saint-Père :

Beatissime Pater, Reverendissimus Dominus Cardinalis hic præsens INSTANTER *petit, per Sanctitatem Vestram, catalogo Sanctorum D. N. J. C. adscribi, et tanquam sanctos ab omnibus Christi fidelibus pronunciari, Venerandos Beatos NN...*(1)

Au nom du Pape, le Secrétaire des Brefs répond que Sa Sainteté, bien qu'édifiée pleinement sur les vertus de ces Bienheureux, ordonne néanmoins à l'assistance d'implorer

(1) Très Bienheureux Père, le Révérendissime Seigneur Cardinal ici présent demande *avec instance* que Votre Sainteté inscrive au catalogue des Saints de N.-S. J.-C. et fasse vénérer comme tels par tous les fidèles les Bienheureux. . . . . . .

le secours d'en haut par l'intercession de la Bienheureuse Vierge Marie et des saints. Deux chapelains entonnent alors les *Litanies des saints*. A ce moment, remarque encore S. E. le cardinal Pie, dans ce grand édifice, où, pendant une partie notable de la cérémonie, il serait impossible d'espérer l'attention et le recueillement de tous les assistants, tout à coup, ils deviennent attentifs et recueillis. D'un bout de la basilique à l'autre des milliers de voix répondent : *Miserere nobis : Ora pro nobis : Libera nos, Domine*, etc.

Les Litanies terminées, l'avocat répète les termes de sa prière, en réclamant avec plus d'instance, *instantius*, la décision du Saint-Père. Le Pape répond qu'il faut prier encore et on entonne le *Veni Creator*. Toute la basilique poursuit, évêques, prêtres, simples fidèles ; et les strophes de l'hymne sacrée sont chantées avec un entrain où l'on sent vibrer l'esprit de grâce et de prière.

Enfin, l'avocat réitère une troisième fois sa requête ; il demande en toute instance, *instantissime*, la décision du Pape. Le Souverain-Pontife alors, la tiare en tête, comme docteur infaillible et chef de l'Église universelle, prononce son jugement:

Ad honorem Sanctæ et Individuæ Trinitatis et exaltationem fidei catholicæ et christianæ religionis augmentum, auctoritate D. N. J. C., Beatorum apostolorum Petri et Pauli ac nostra : matura deliberatione præhabita, et divina ope sæpius implorata ac de venerabilium fratrum nostrorum Sanctæ Romanæ Ecclesiæ cardinalium, patriarcharum, archiepiscoporum et episcoporum in urbe existentium consilio, Beatos...N... sanctos esse decernimus et definimus ac Sanctorum catalogo adscribimus, statuentes ab Ecclesia universali eorum memoriam quolibet anno nempe.... pia devotione debere. In nomine Patris,.. (1).

Quand ce décret solennel a été promulgué, l'avocat consistorial, au nom du cardinal procureur, remercie Sa Sainteté et la prie d'en ordonner l'expédition ; ce que le Pape promet.

_____

(1) Pour l'honneur de la sainte et indivisible Trinité, pour l'exaltation de la foi catholique et le développement de la religion chrétienne ; par l'autorité de N. S. J.-C., des bienheureux apôtres Pierre et Paul et par la nôtre, après avoir mûrement délibéré, plus souvent encore imploré le secours divin et pris conseil de nos vénérables frères des cardinaux, patriarches, archevêques et évêques qui se trouvent à Rome les Bienheureux..... sont par nous définitivement déclarés saints, inscrits au catalogue des saints, et chaque année l'Eglise universelle devra célébrer leur mémoire tel jour,... avec une pieuse dévotion. Au nom du Père, etc.

Le *Te Deum* termine naturellement cette cérémonie et quand il est entonné, les fanfares
éclatent, toutes les cloches de la Cité sainte
s'ébranlent et le canon du château Saint-Ange
se fait entendre, pendant que le cardinal-diacre
invoque à haute voix les nouveaux saints.

Si, à cette heure-là, dit encore l'évêque de
Poitiers, il y a un cœur froid et insensible,
j'ose dire que ce n'est pas un cœur de chair,
mais un cœur de marbre où l'intelligence et le
sentiment n'existent pas. Quiconque n'a pas
extirpé de son âme les dernières racines de
son baptême sent passer sur lui le souffle d'en
haut. Un acte surnaturel vient de s'accomplir,
la bouche d'un homme vient de proférer une
sentence infaillible ; un des secrets du ciel
vient d'être révélé à la terre.

Pendant la messe pontificale qui suit, il se
fait des offrandes particulières et symboliques.
On présente des cierges, deux tourterelles
dans une corbeille dorée, deux vases pleins de
vin, une corbeille peinte pleine de petits oiseaux de toute espèce.

Ce ne sont pas là les frais les plus importants; il faut même convenir que les dépenses
d'une canonisation sont considérables. Outre

que c'est là un frein pour réprimer une foule de demandes inconsidérées, on ne peut dissimuler que ces dépenses ont toutes leur raison d'être.

La longueur du procès, l'intervention des procureurs, des avocats, des imprimeurs, les cadeaux indispensables aux consulteurs, aux officiers et prélats de la cour pontificale qui n'ont guère d'autre casuel, une rétribution légitime et fixée d'avance à la sacristie du Vatican, les tapisseries, les échafauds, les peintures dont l'église est ornée pour le jour de la fête, les cierges sans nombre qui l'embellissent, les ornements de la messe pontificale, les draperies qui couvrent la Confession des saints Apôtres, les bienfaits enfin qu'il faut répandre pour honorer une pareille solennité, sont des frais légitimes, nécessaires même et qui défient toute malignité.

Il est encore d'usage, à Rome, qu'un triduum solennel soit célébré, en l'honneur des saints nouvellement canonisés, dans le cours de l'année qui suit leur canonisation. C'est là une sorte de fête nationale, dont on comprend que pour nos saints français, l'église St-Louis soit habituellement le théâtre. Cette église a célébré les 3, 4 et 5 juillet 1869, le triduum en l'honneur de Ste Germaine, avec une solennité inaccoutumée, même à Rome. Non seulement l'intérieur du temple national avait été décoré de tentures de soie et de draperies d'une grande richesse, non seulement une illumination extraordinaire y avait été disposée dans le plus bel ordre, mais les évêques français présents à Rome y pontifièrent solennellement soir et matin, mais les maîtres de l'art et de l'éloquence s'y donnèrent rendez-vous, pour peindre, chanter et louer à l'envie la pauvre bergère de Pibrac. On y entendit notamment Mgr Bertaud de Tulle et Mgr Mermillod de Genève, et la musique des zouaves pontificaux y prodigua les richesses de sa plus mélodieuse symphonie. Nous devons ajouter, qu'à cette occasion, un peintre-verrier de Toulouse offrit au Saint-Père une splendide verrière à cinq médaillons qui décore aujourd'hui le Vatican, et qu'un prêtre du diocèse de Toulouse a offert à Pie IX une riche bague en or représentant Ste Germaine encadrée dans une couronne de diamants. On voit par là que la France à laissé à Rome de nobles traditions de générosité, à propos de sa dernière canonisation, et que ce passé oblige.

Il faudrait maintenant montrer comment la France fait écho à Rome, comment Toulouse, dans les mémorables journées du 28, 29 et 30 juillet, a célébré le triomphe de sa glorieuse fille : mais ici nous avons mieux que des descriptions, puisque nous avons des souvenirs. Nos lecteurs n'ont qu'à remonter vingt ans en arrière et les annales de notre diocèse leur rappelleront les fêtes immortelles qui attirèrent, pendant trois jours, les regards émus de Rome et de la France sur notre ville d'Arras; à voir ce qui a été fait parmi nous pour le Bienheureux, on peut juger de ce qui sera fait pour le Saint.

IV

LES PREMIERS HOMMAGES.

Parmi les faveurs surnaturelles dont le bienheureux Benoît-Joseph fut gratifié pendant sa vie, une des plus singulières et des moins contestées est la révélation anticipée des honneurs qu'il devrait recevoir après sa mort. Son dernier confesseur, l'abbé Marconi, savant professeur de théologie, raconte qu'il le vit venir un jour dans un trouble extraordinaire. « Jamais, dit il, je ne l'avais vu si violemment agité ; il venait d'être témoin de ses propres obsèques et une grande foule de peuples, tout le monde, comme il disait avec épouvante, rendait hommage à son misérable corps. Il ajouta même, avec une désolation indicible, que le Saint-Sacrement était enlevé et que son cadavre recevait les honneurs préparés à la sainte Eucharistie. » Or, pendant que le saint pénitent exposait cette étrange révélation, avec une abondance et une précision extraordinaires, l'abbé Marconi voyait

lui-même clairement une église où tout semblait préparé pour l'exposition du Saint-Sacrement ; les cierges mêmes étaient allumés
et une foule considérable, au lieu de se tourner vers l'autel sur lequel il n'y avait du reste
point d'ostensoir, se pressait du côté de
l'épitre, sans paraître se préoccuper de la sainte
Eucharistie. Pour se détacher de cette vision
singulière et satisfaire son pénitent désolé,
l'abbé Marconi se persuada que le démon
tentait par orgueil le serviteur de Dieu : il le
consola et le congédia en le pénétrant davantage d'amour et de respect pour le Saint-Sacrement.

Un peu plus tard, non content de saluer
avec insistance le P. Palma, qui devait être le
postulateur de sa cause, et l'évêque d'Amelia
qui devait pourvoir généreusement aux frais
de son procès, on le vit désigner d'un long
regard le lieu de sa sépulture.

« Dans l'une de ses dernières visites à l'é-
glise de la Madone des Monts, raconte Marie
Poetti, comme il sortait de sa place et traversait l'église, il s'arrêta tout à coup au milieu
de la nef et debout, au grand étonnement de
tous les spectateurs, se mit a fixer les yeux

sur un point du sol. Il demeura ainsi quelque temps, reprit sa marche et s'arrêta encore, à deux ou trois reprises, pour ramener ses regards sur le même point. » C'est en ce même endroit, au côté de l'épître de N.-D. des Monts, où il fut enterré, que le Bienheureux devait en effet recevoir les premiers hommages.

Quand il eût doucement expiré, dans la maison du boucher Zaccarelli, son ami, le mercredi-saint, 16 avril 1783, sur le soir, on peut dire que sont culte commença. Contre l'usage, les prêtres vinrent les premiers ; la foule suivit ; ce fut bientôt un mouvement général. La maison du boucher, envahie par une foule avide et pieuse, ne conserva son précieux dépôt que jusqu'au jeudi soir, car, dès le mercredi, tout en rendant les premiers soins au cadavre, Zaccarelli avait songé qu'il fallait ensevelir Benoît-Joseph dans l'église de N.-D. des Monts et il ne prit de repos que lorsque son projet eût été couronné d'un plein succès. Ce ne fut pas seulement pour la cérémonie des funérailles qu'on transporta le saint cadavre à cette église, dès le jeudi, vers trois heures, la confrérie de N.-D. des Neiges se

présenta pour l'emporter. Le corps fut placé
sur une civière, le visage découvert et les
mains croisées sur la poitrine, dans la posture
du pauvre vénéré, et, au milieu d'un cortège
immense, fut dirigé vers l'église. La foule ne
dominait pas ses impressions; déjà elle accla-
mait celui qu'elle appelait le saint. Quand le
pieux cortège entra à N.-D. des Monts, on y
chantait l'office de ténèbres, devant le saint-
Sépulcre. Par respect pour le Saint-Sacrement,
le corps fut déposé d'abord dans une chapelle,
pour la nuit, mais dès le vendredi matin, les
portes de l'église furent assiégées par une
télle multitude que le recteur de l'église
dut le faire porter au milieu de la nef, pour
faciliter la circulation. L'église elle-même se
trouva bientôt trop petite, on dut recourir à
la force armée pour faire circuler la foule. On
montait sur les bancs, sur les confessionnaux,
sur les autels, pour apercevoir le Bienheureux
que l'on couvrait de fleurs et de rubans. Le
soir venu, il fallut même, pour disperser les
visiteurs, enlever le corps et l'enfermer dans
une chambre, derrière le chœur.

Si les pauvres et les petites gens étaient
les plus empressés à honorer le défunt, les

prêtres, les religieux, les nobles romains et les dames de haute naissance ne manquèrent pas non plus au pieux rendez-vous. L'émotion de la rue avait gagné les palais ; les cardinaux eux-mêmes n'y restèrent point étrangers ; le mouvement, en un mot, emporta la ville entière.

Il semble du reste que Dieu voulut sanctionner immédiatement l'enthousiasme général par des marques évidentes de prédestination. Au lieu de prendre la rigidité et le froid des cadavres ordinaires, le corps du Bienheureux resta flexible ; son visage même ruissela plus d'une fois d'un sueur abondante que l'on recueillait avec respect.

Des grâces spirituelles nombreuses et plusieurs guérisons augmentèrent encore le concours des visiteurs, qui arriva à son comble le jour de Pâques. Ce jour-là, il fut même impossible de chanter la messe et les vêpres dans l'église de N.-D. des Monts. « La foule était hors de sens, dit M. Aubineau, qui dépeint bien cette touchante scène, pleurant, priant, acclamant le saint et le voulant voir. L'église n'était pas seulement débordante : les rues voisines étaient pleines et pleines dès avant l'aube.»

Il fallait pourtant songer à la sépulture, non pas que le corps eût perdu quoi que ce soit de son incorruptibilité, mais l'heure marquée par l'autorité ecclésiastique était arrivée. Le caveau qui devait le recevoir avait été creusé du côté de l'épître, devant le maître-autel, à l'endroit même qui avait si singulièrement attiré, comme nous l'avons dit, l'attention du Bienheureux. Mais avant de déposer le corps dans la bière, on eût soin de prendre une empreinte en plâtre de son visage et de reproduire encore ses traits par la peinture. Une notice en latin fut rédigée et transcrite sur parchemin et placée dans le cercueil, puis le corps, enfermé dans une double caisse scellée, fut descendu dans le caveau, en présence de tous les amis du Bienheureux et d'une foule aussi considérable qu'en pouvait contenir l'église. C'était le soir du dimanche de Pâques, quatre jours et quelques heures après la mort du Bienheureux.

En perdant de vue l'objet véritablement miraculeux de sa vénération, le peuple romain aurait dû, ce semble, perdre de son enthou-

siasme et de son empressement ; il n'en fut
rien. Le lundi de Pâques, l'église de Notre-
Dame des Monts était envahie comme la veille.
On jugea même qu'il n'y fallait pas laisser le
Saint-Sacrement et, comme les Quarante-
Heures y devaient être célébrées quelques
jours plus tard, l'autorité ecclésiastique crut
devoir en faire la solennité dans une autre
église.

Ainsi se vérifièrent à la lettre les craintes
que le Bienheureux avait communiquées à son
confesseur. L'abbé Marconi, frappé de cette
double circonstance, et de l'enlèvement des
saintes espèces, et de la translation de la fête
de l'adoration, retrouva encore dans la disposition de l'autel de Notre-Dame des Monts
une ressemblance avec celui qui s'était présenté à sa vue, pendant les révélations du
Bienheureux. De plus, pendant que le peuple
en tumulte continuait à se presser au tombeau
du saint pauvre, il trouva presque déserte
l'église où le saint-Sacrement était exposé. La
prédiction du Bienheureux, qui avait vu son
pauvre corps substitué à la sainte Eucharistie
et comblé des honneurs qu'on avait préparés
pour elle, se trouvait donc entièrement réalisée.

Toutefois, après l'exhumation de la précieuse dépouille, que recouvrit plus tard une dalle de marbre, avec inscription, due à la munificence d'un chanoine de Saint-Pierre, la piété des Romains ne se contenta pas de venir rendre hommage au tombeau de son intercesseur préféré, elle se porta partout où l'appelait quelque souvenir de notre Bienheureux. La maison de Zaccarelli, où il était mort, fut naturellement le rendez-vous le plus fréquenté.

La rue qui y mène se remplit d'équipages et la demeure privilégiée fut assiégée du matin au soir. Le lit mortuaire devint un objet de culte et les pauvres guenilles un objet d'envie. Ce concours fut tel et la pieuse avidité des pélerins, qu'il fallait satisfaire, occupa si complètement la famille hospitalière, que Zaccarelli fut obligé, pour ne pas compromettre la santé et les intérêts des siens, de fermer absolument sa porte. Plus tard, cependant, quand l'affluence se modéra, comme il était profondément dévoué à la gloire de Dieu et au culte de son hôte et de son ami, il reçut de nouveau les visiteurs, les étrangers particulièrement et surtout les Français. C'est ainsi que des cardinaux, des évêques, de nombreux

pélerins, l'ambassadeur même de la Républi-
que française, qui partait pour Naples, se ren-
dirent tour à tour dans ce sanctuaire d'un
nouveau genre.

Dès longtemps Zaccarelli avait résolu de ne
jamais rendre à l'usage domestique un lieu
témoin des derniers soupirs d'un saint. Il avait
adressé une supplique au cardinal-vicaire
pour faire authentiquer et sceller les objets
précieux que le contact du Bienheureux avait
sanctifiés, notamment le lit sur lequel il était
mort. Il fit ensuite entourer ce lit d'une balustrade avec un coffre pour garder les reliques ; autour de la chambre il plaça le portrait
du défunt, une inscription en mémoire de
l'événement, quelques tableaux et un autel de
la sainte Vierge à laquelle se rapportaient les
hommages directs des visiteurs.

Quoiqu'il vécût de son travail, le généreux
boucher, avec une noblesse de sentiments
qu'il avait gagnée sans doute au contact de
son saint ami, ne voulut jamais accepter aucun présent qui l'indemnisât de ces dépenses.
Son fils Fortuné, qui lui succéda dans son
commerce, lui succéda également dans sa générosité ; il renvoyait comme son père les do-

nateurs au postulateur de la cause, en se contentant pour lui-même de la protection du pauvre client, qui avait daigné bénir son foyer, en en faisant son point de départ pour le ciel.

Les pélerins qui visitent Rome aujourd'hui retrouvent encore au premier étage d'une humble maison de la Via dèi Serpenti, n° 3, la chambre où mourut notre Bienheureux, telle qu'elle était il y a bientôt un siècle. La balustrade qui entoure le lit est toujours là, et cinq tableaux, peints sur une toile grossière, d'après les données de Zaccarelli lui-même, représentent les dernières scènes de la vie du Bienheureux. C'est là, à coup sûr, avec Notre-Dame des Monts, le Colisée, et une autre chambre habitée aussi par le Bienheureux non loin de la fontaine de Trevi, Via de' Crociferi, n° 20, et où l'on a réuni un grand nombre d'objets qui ont appartenu au Bienheureux, que les Français, que les diocésains d'Arras surtout, aiment à suivre leur illustre compatriote, et à retrouver pour lui quelque chose du pieux enthousiasme de leurs ancêtres du dernier siècle.

Plus encore que la chambre où était mort

notre Bienheureux, son tombeau devint le but d'un concours véritablement extraordinaire, marqué par de nombreux miracles. Les choses en vinrent même à un point tel que l'autorité dut fermer absolument l'église de N.-D. des Monts, comme avait fait Zaccarelli pour sa maison. On en profita pour recouvrir de briques le tombeau et l'entourer d'une solide barrière. A partir du 1er mai, l'église fut ouverte de nouveau et, grâce aux sentinelles qu'on y avait placées de distance en distance, la circulation finit par se régulariser. Les prières des Quarante-Heures purent même y avoir lieu, le 4 juin, et, à la fin du mois, on put congédier les gardes. On n'en vit pas moins, pendant longtemps, cette humble tombe ceinte d'une couronne de visiteurs pieusement agenouillés, demandant des grâces ou versant des larmes de reconnaissance pour celles qu'ils avaient obtenues.

Nous avons dit que les grands du monde, les nobles, les cardinaux, les religieux, les confrères de tout ordre s'y donnaient rendezvous (1); c'était surtout le rendez-vous des

(1) Pour donner une idée de ce concours et sans prendre la responsabilité des exagérations et des erreurs qu'elle renferme, nous

pauvres et de ce peuple travailleur dans lequel le Bienheureux s'était fait de si fervents amis. Non seulement on y priait avec ardeur, mais beaucoup de pèlerins voulaient s'y réconcilier avec Dieu et s'y nourrir de la sainte Eucharistie. Il fallut y multiplier les confesseurs, célébrer des messes nombreuses et surveiller, pour la maintenir dans les bornes permises par les décrets, la dévotion des pèlerins. Dès lors une pauvre petite église, célèbre seulement, à la fin du XVIe siècle, par une image de la sainte Vierge, acquit une renommée européenne et devint l'une des plus connues de Rome.

Les niches du Colisée, où le Bienheureux se

citons ici l'extrait d'une lettre écrite de Rome à Monseigneur de Boulogne, à propos de Benoît Labre, le 16 juillet 1783, par l'abbé Pierre Paul de Lunel de la Rovère : ..... « L'église où il est, autrefois inconnue, est devenue pour ainsi dire aussi renommée que Saint-Pierre. La garde a battu même des gens comme il faut sans parvenir à être maîtresse. Le Postulateur m'a montré 77 gravures différentes : il y en a autant en cire, en faïence fine, en peinture sans nombre. Les Anglais et autres hérétiques disent hautement : c'était un brave homme, il faut en convenir. A l'égard des miracles, le Postulateur m'en a fait voir une liste bien constatée d'environ deux cents sur toutes les maladies les plus incurables et les plus invétérées. On en mande de toute part on vient du plus loin lui en rendre grâces et déposer juridiquement. Le Saint-Père montra plus de zèle pour le défunt qu'on n'en a jamais montré pour des têtes couronnées Il en est de même du Sacré Collège, de tous les évêques, prélats, chefs d'ordre, religieux, religieuses ; sans jalousie : miracle évident, selon moi. »

retirait pour prier bien plus que pour dormir, l'hospice où il avait été accueilli, les églises des Saints-Apôtres et de la Minerve qui avaient ses préférences, son confessionnal à Saint-Ignace participèrent à cet empressement, et l'abbé Marconi, son confesseur, lui dût une grande notoriété. Mais c'est surtout à Lorette que l'on remarqua l'empressement des fidèles à rechercher toutes les traces du Bienheureux et à honorer tous ses souvenirs. Après la Basilique, on aimait à visiter la chambrette où les époux Sori l'avaient accueilli, et l'on s'agenouillait auprès du grabat où il avait reposé, en le baisant dévotement. Fabriano eût le même honneur que Lorette, et jusqu'à Mont-Lupone s'établit l'usage de boire quelques gorgées d'eau à la fontaine où il s'était désaltéré, et dans la coupe dont il s'était servi. On comprend que si telle était la dévotion des Italiens envers le saint pèlerin, ses compatriotes de France, de l'Artois et du Boulonnais ne se laissèrent pas longtemps devancer.

Le Bienheureux, malgré son tendre amour pour les siens, avait ajouté à tous ses autres sacrifices celui de cesser avec eux d'autres relations que celles de la prière. Il n'en avait pas moins laissé à Amettes les plus touchants souvenirs, et sa dernière lettre, faite en la ville de Quiers, en Piémont, le 31 août 1770, fut souvent relue comme une humble excuse de sa vocation et un suprème testament. Les graves recommandations qu'elle renferme avaient du reste été mises à profit. La nombreuse famille de Jean-Baptiste Labre et d'Anne Barbe Grandsir avait grandi dans la crainte de Dieu et dans la pratique de la vertu. En 1783, le père et la mère du Bienheureux, qui continuaient la culture de leur mince patrimoine en y ajoutant un petit commerce de mercerie, et qui ne devaient mourir, le premier qu'en 1791, et la seconde qu'en 1804, avaient encore neuf enfants, cinq fils et quatre filles. L'aîné, Jacques-Joseph, était prêtre depuis 1775, mais une maladie nerveuse l'empêchait d'exercer le saint ministère, et il était à la charge de ses parents : nous verrons plus tard qu'il dût à l'intercession du Bienheureux des faveurs de plus d'un genre : Célestin, le cinquième, était aussi d'une faible santé, qui s'améliora plus tard. Le sixième, François-Joseph, devait mourir à 22 ans, en

1785. Louis-Vincent, le septième, fut ordonné prêtre à Ypres en 1791, et la renommée de son frère lui valut la faveur de l'illustre famille du prince Galitzin, qui le chargea de distribuer d'abondantes aumônes aux prêtres déportés. Il avait été nommé, par Mgr Asseline, membre du futur chapitre de Boulogne, lorsqu'il mourut à Saint-Pétersbourg, entouré d'une certaine considération. Le plus jeune enfin, Augustin, le filleul du Bienheureux, vécut jusqu'en 1855 à Valhuon.

Des quatre filles, Marie-Anne, Marie-Ursule, Elisabeth et Julie, une seule, Marie-Anne, se maria. Elisabeth accompagna ses frères en exil. Les autres ne quittèrent pas leurs parents.

Quel dut être le bonheur de cette famille patriarcale lorsqu'on y apprit la sainte mort de Benoît, les honneurs rendus à sa dépouille et les miracles obtenus par son intercession ! Les proches parents du Bienheureux, parmi lesquels on comptait plusieurs prêtres (1),

(1) La famille de notre Bienheureux était vraiment de celles dont parle S. Ambroise, « qui se transmettent comme par héritage l'ancienneté d'une vertu sans tâche, » et où les vocations sacerdotales fleurissent sur toutes les branches Outre ses deux frères, son grand-oncle Jacques-Joseph Hazembergue, curé de St-Nicolas, son oncle

prirent leur part de cette légitime illustration
et furent avec ses père et mère ses premiers
et ses plus fidèles serviteurs. Les habitants
d'Amettes, qui avaient gardé un souvenir si
édifiant de leur compatriote, commencèrent
le pèlerinage, les Artésiens, les Boulonnais,
les Picards et les Flamands le continuèrent,
les Anglais et les Belges y vinrent à leur tour ;
bientôt on ne s'arrêta plus. « Amettes, écrit
M. Decroix, curé de cette paroisse, se vit en-
combré d'une incroyable multitude de voyageurs. Une pieuse commotion avait électrisé
tous les cœurs chrétiens. On voyait arriver
nuit et jour des personnes de tous les rangs
et conditions, amenant ou apportant des infirmes, des estropiés, des épileptiques, des
enfants noués ou rachitiques ; et le plus grand
nombre s'en retournaient, louant et remerciant Dieu de ce qu'il manifestait ainsi sa

---

M. Labre qui mourut curé d'Erin, on comptait encore parmi les
frères utérins de sa mère quatre prêtres du nom de Vincent. L'un
qui fut carme sous le nom du P. Vincent de St-Antoine, un autre
qui mourut curé d'Œuf, un troisième qui mourut en exil après avoir
été desservant de Ferfay et doyen d'un chapitre du diocèse de Cambrai, un quatrième enfin qui recueillit le Bienheureux dans son
presbytère de Conteville après la mort du curé d'Erin, devint le saint
curé de Lespesses et mourut à Middelbourg en 1794. Voilà, dans la
plus proche parenté du Bienheureux, une couronne de huit prêtres
tous fidèles aux plus mauvais jours de la Révolution, comme du
reste tous les membres de sa famille, sans une seule exception.

puissance et sa gloire par l'intercession d'un nouveau saint.

« Non seulement les laïcs des deux sexes, mais les ecclésiastiques, les religieux et religieuses cloîtrées, les prêtres, les curés, les abbés, les prélats, plusieurs évêques arrivaient pédestrement, parce que la difficulté des routes les obligeait de laisser leurs voitures à deux lieues de distance. Les rues adjacentes, l'enclos des habitations, le cimetière regorgeaient d'une foule de fidèles qui s'empressaient vers l'église, où ils ne pouvaient entrer que successivement par le grand portail, tandis que les autres sortaient par les portes latérales. Contre les murs extérieurs de la tour brûlaient des milliers de bougies qu'il eût été dangereux et insalubre d'allumer dans l'intérieur, et plusieurs vieillards, qui, à cette époque, remplissaient les fonctions de servants de messe, nous ont raconté qu'ils se relevaient depuis cinq heures du matin jusqu'à deux heures après-midi, pour servir aux trois autels les prêtres qui successivement y offraient le saint sacrifice.

« Plusieurs arrivaient pieds nus ; les impotents à dos d'ânes, de chevaux ou de mulets ;

car les petites charrettes du pays, et les tombereaux flamands pouvaient seuls circuler. Une multitude de guérisons providentielles obtenues sont attestées par une masse de petits ex-voto, en argent et de différentes formes, déposés dans une armoire de la sacristie, en attendant qu'il soit permis de les exposer publiquement. La maison du Vénérable n'était pas moins envahie que l'église ; on s'y disputait le bonheur d'y passer la nuit, couché sur les planches, sur la paille, et même sur la terre nue ; grand nombre de prêtres et de religieux ont obtenu la faveur de se coucher sur le plancher de la pauvre mansarde où était né cet enfant de bénédiction, et qu'il avait habitée tant d'années auparavant. »

Il fallut la terrible Révolution pour arrêter ce merveilleux concours qui se ranima avec la réouverture des églises et qui n'a pas cessé depuis.

Après Amettes, le village d'Erin, où le Bienheureux avait séjourné et laissé des souvenirs vivants de sa mortification et de sa charité, fut naturellement le rendez-vous le plus goûté de ses dévots pèlerins. Dès le mois d'octobre 1784, la princesse de Croy, châtelaine d'Érin, écrivait à l'abbé Marconi la lettre suivante qui peint bien, avec les sentiments de la pieuse dame, les dispositions avec lesquelles on envisageait à Érin la sainte renommée du Bienheureux :

« Château d'Erin, le 26 octobre 1784.

« Depuis l'événement, Monsieur, de la mort du Bienheureux Benoît-Joseph Labre, j'étais dans le dessein d'ériger en sa mémoire une chapelle de la chambre où le serviteur de Dieu a commencé à donner, dans sa jeunesse, l'exemple des plus rares vertus et d'une bienfaisance qui pouvait déjà passer pour un prodige, dans un enfant de son âge. Il était alors sous les yeux de son oncle, respectable curé de ma terre d'Erin que j'habite, où il faisait le bonheur de sa famille, non moins recommandable par la ferveur soutenue d'une conduite et d'une piété exemplaires : mais, pour exécuter mon dessein, j'attendais l'arrivée de mon évêque, Monseigneur de Boulogne, afin d'obtenir l'autorisation qu'il a bien voulu m'accorder.

« Dans cette conjecture, j'ai recours à vous, Monsieur, avec une entière confiance, pour vous prier de seconder mes vues et je regarderais comme une grâce à laquelle je serais très sensible, si vous vouliez bien m'envoyer une relique de l'admirable serviteur de Dieu et une des gravures les plus ressemblantes de son portrait.

« Je fais disposer, dès à présent, une châsse digne de renfermer ce trésor qui sera d'autant plus précieux pour mes vassaux, qu'il leur rappellera éternellement un modèle de vertu et de piété dont ils ont eu le bonheur de jouir, pendant dix ou douze années consécutives.

« Je dois cette preuve de mon dévouement à mon digne curé, son oncle, que nous avons malheureusement perdu, victime de son zèle et de sa charité dans une affreuse épidémie qui a ravagé une partie de mon village, il y a environ 17 à 18 ans ; je la dois au Bienheureux Labre dont je pressentais la fin glorieuse lorsque je l'appelais d'avance mon petit curé : je la dois enfin à tous mes vassaux qui ont des droits à son intercession, n'ayant jamais eu pour lui que le respect et les égards que, dès ses premiers ans, ses belles actions et sa raison précoce les forçaient à lui rendre.

« J'espère, Monsieur, qu'en excusant la prière que je vous fais, vous serez aussi touché de son motif que de la confiance avec laquelle j'en attends de votre part les effets; je ne cesserai d'y être sensible, reconnaissante, et vous ne serez pas oublié dans nos prières, toutes les fois que nous honorerons ici votre admirable pénitent.

« J'ai l'honneur d'être, avec toute la vénération et l'attachement dûs à votre caractère, Monsieur, votre très humble et très obéissante servante,

Princesse DE CROY DE MOLLEMBAIS.

Le pieux projet de la princesse ne tarda pas à être mis à exécution ; elle obtint sa relique et la chapelle fut érigée dans l'emplacement même de la chambre du Bienheureux qu'on isola du presbytère ; mais, pour respecter les décrets de la Cour romaine, on la mit sous le vocable de Notre-Dame Auxiliatrice.

Conteville, Longuenesse, Ligny-lez-Aire et la Chartreuse de Montreuil eurent aussi leurs pèlerins ; partout enfin où l'on put trouver quelque trace du Bienheureux, la piété populaire s'y porta avec une merveilleuse ardeur. Il y a plus, on peut dire qu'en quelques années sa renommée et son culte s'étendirent jusqu'aux extrémités du monde.

L'immense popularité de notre Bienheureux ne s'explique point par des raisons naturelles. La multiplicité des grâces et des miracles obtenus par son intercession ne suffisent même pas pour cela, il faut y voir le doigt de Dieu qui, au déclin de ce XVIII° siècle sensuel et raisonneur, voulait donner à des chrétiens quelque peu dégénérés, le plus parfait modèle d'une vie toute de foi et de mortification. Si la France et l'Italie, qui avaient peut-être plus que d'autres besoin de pareils exemples, furent les plus à même d'en profiter, les autres nations chrétiennes ne les laissèrent point perdre. Les Juifs eux-mêmes respectèrent cette mémoire étrange ; sa renommée se répandit en Portugal et en Espagne avec rapidité et les ambassadeurs à Rome de ces deux pays religieux y expédièrent par milliers les images du nouveau saint. Des Anglais et des Allemands, dès l'année de sa mort, visitèrent son tombeau, et l'on cite un habitant du Liban qui vint y chercher un remède contre l'épilepsie. L'Amérique et la Chine envoyèrent des offrandes pour le procès de sa béatification. Le monde entier, en un mot, prit intérêt à la cause de ce mendiant.

Les élèves de la Propagande n'étaient point, il est vrai, les moins zélés admirateurs du serviteur de Dieu, mais ils furent souvent devancés, dirent-ils, même dans les contrées les plus lointaines, par la dévotion du peuple. Le plus ardent propagateur de ce culte fut toutefois un journaliste français, le célèbre abbé Dinouart, dont le *Journal ecclésiastique* se fit, dès les derniers mois de 1783, l'écho de tout ce qui se disait du Bienheureux. Ayant été lui-même l'objet d'une faveur insigne due à son intercession, on comprend que l'abbé Dinouart ne perdit rien de son zèle, quand il y joignit le sentiment de la reconnaissance.

Les pauvres mendiants se firent, eux aussi, les apôtres de leur glorieux patron. Ils prirent même l'habitude de se vêtir comme lui, de sorte qu'on les rencontrait, les jambes à demi nues, les vêtements serrés par une corde, comme lui, le chapelet ou cou et une écuelle au côté. C'était le moyen le plus accessible pour eux de l'imiter.

Un autre moyen, qui prit en quelques se-

maines des proportions extraordinaires, fut
l'hommage rendu à ses pauvres hardes, à ses
sordides vêtements, à tous les objets qui n'a-
vaient même été que momentanément à son
usage. Tout ce qui, de près ou de loin, avait
eu quelque rapport avec le Bienheureux,
devint une relique précieuse et l'objet d'une
sainte cupidité. Non-seulement ses misérables
haillons furent partagés en des milliers de
lambeaux, mais les images devant lesquelles
il priait, les confessionnaux où il s'agenouillait, les planches qui avaient un moment
recouvert son tombeau, ou les fleurs qu'on y
avait répandues, les ustensiles de ménage
dont il s'était servi dans ses voyages et qui, dit-
on, exhalaient des parfums, tout ce qui avait
été en contact avec ses membres sanctifiés par
la mortification, et qu'il avait entourés comme d'un cilice vivant, plus mortifiant que tous
les autres, devint après sa mort l'objet d'une
pieuse recherche et d'une ardente convoitise.

A Amettes même, qu'il avait pourtant quitté
depuis longtemps, et où il n'avait jamais re-
paru, depuis ses pèlerinages, on recherchait
avec avidité tout ce qui lui avait appartenu,
ses vêtements, son linge, ses livres qu'on

partageait en morceaux. Les planches de son lit et jusqu'aux murs de sa chambre, le jardin de ses parents et jusqu'aux arbres dont l'ombrage avait pu l'abriter, fournirent leur contingent aux pieux larcins des pèlerins.

De toutes les parties de la France, et même de tous les coins du monde, arrivaient des demandes de toute sorte auxquelles l'abbé Marconi surtout, qui en recevait le plus grand nombre, ni les Zaccarelli ni la famille Labre ne pouvaient répondre. A défaut de reliques, les portraits du Bienheureux se multipliaient pour correspondre à l'impatience publique; on le représentait dans une foule d'attitudes; la peinture, la sculpture, la gravure, la lithographie, l'estampe s'y employèrent, et tous les métaux fournirent leur contingent : en un an, Mancini comptait ces reproductions par centaines de mille, au point que l'on crut que jamais aucun saint n'avait excité un pareil enthousiasme.

Aussi la voix du peuple appelait-elle de tous côtés la voix de l'Église à prononcer dans cette grande cause, où, comme nous allons le voir, la voix de Dieu, par les miracles, était loin d'être muette.

V

LES PREMIERS BIENFAITS.

Dieu prit à tâche, ce semble, de vérifier une fois de plus la grande parole qui promet l'exaltation à l'humilité. Autant notre Bienheureux s'était volontairement annulé durant sa vie, autant Dieu voulut qu'il intervînt directement après sa mort. Dès le jour même de sa mort, jusqu'à celui de la sépulture, on compte jusqu'à neuf miracles, et le lendemain de l'inhumation, le lundi de Pâques, on en compte encore cinq.

Rome et l'Italie eurent la meilleure part de ces premiers bienfaits du Bienheureux. Elles le durent sans doute à l'ardeur de leur foi et à l'intensité de leur confiance : on nous permettra pourtant de nous arrêter de préférence sur les faveurs dont les Français, nos compatriotes, furent surtout l'objet. Ce ne sera pourtant qu'après avoir raconté, avec quelque détail, le miracle long et plusieurs fois réitéré qui favorisa une jeune chrétienne de Rome, dont on peut dire que le Bienheureux fut le directeur surnaturel. Nos lecteurs y pourront voir une preuve frappante de l'importance que Dieu attache à la fidélité des âmes chrétiennes à suivre les avis de leur père spirituel.

Une pieuse fille de Rome, raconte le père Desnoyers, d'après les attestations extra-judiciaires présentées à la Sacrée Congrégation des Rites, nommée Angèle Régali, était depuis 1775 tourmentée de maladies chroniques de poitrine, qui étaient la conséquence d'un vice organique : mais la plus forte crise n'eût lieu que le Jeudi-Saint, 17 avril ; elle fut assaillie de douleurs poignantes de côté, de palpitations de cœur, d'une oppression qui faisait de ses poumons un bruyant soufflet. Par suite, les nuits entières se passent en une insomnie agitée, et tous ces symptômes se montrent rebelles aux remèdes les plus énergiques. Au bruit des grâces que Dieu accordait à l'intercession de Benoît, elle aurait voulu aller à son tombeau, pour avoir part à ses bienfaits : mais son état de souffrance ôtait toute possibilité de la transporter. Dans cette situation, son confesseur, le docteur missionnaire du

Pino, qui avait été aussi un peu celui de Benoît, et qui la visitait tous les jours pour l'encourager, lui insinua d'avoir la même confiance que si elle eût pu accomplir son désir, pourvu qu'elle priât avec foi et ferveur. Docile à cet avis et accablée plus que d'ordinaire, le 26 avril, elle prend en boisson une bribe des reliques du Vénérable, en lui adressant une fervente prière. Aussitôt, de ses yeux bien ouverts, elle le voit qui s'approche de son lit, qui lui met la main sur le front et l'exhorte à la patience. « Bienheureux, dit-elle, je ne vous demande qu'une grâce, celle de pouvoir reposer pendant la nuit ; car les plus fortes doses d'opium ne peuvent me procurer un instant de sommeil. » A cette demande bien modérée, le Vénérable, comme s'il eût voulu l'exercer à la docilité et tout à la fois honorer son ancien confesseur, lui répondit : « Soyez bien obéissante à votre directeur ; c'est de sa parole que dépendra votre sommeil. » En effet, les jours suivants, elle observa qu'en se retirant, le confesseur lui souhaitait un bon repos, et qu'à la suite elle dormait paisiblement jusqu'au lendemain.

Mais avec le jour reparaissaient toutes ses souffrances.

Au bout de plus d'une semaine, Benoît lui apparut de nouveau, le frappa sur l'épaule gauche, et en lui montrant le ciel, la réprimanda doucement de certaines désobéissances à son directeur, et ajouta que sa guérison entière était attachée à son entière soumission. On reconnaît facilement ici l'humble pèlerin qui avait toujours pratiqué la docilité la plus parfaite aux ministres de Dieu. Après cette monition, il disparaît. Il ne faut pas demander si la condition fut acceptée. Après un jour d'intervalle, le 7 mai, le confesseur vient, et dans sa visite, il se présente une occasion de demander à la malade si elle est disposée à lui obéir. Elle n'hésite pas à répondre affirmativement, et alors il se retire en lui donnant sa bénédiction. C'était le signal, involontaire de sa part, de l'opération de la puissance divine ; car, au moment même, toutes les douleurs s'évanouirent, et une parfaite santé se manifesta et dura plus de deux ans. Mais quoi ! le cœur de la femme est changeant. Au bout de quelque temps, celle-ci retombe dans une certaine désobéissance envers le confesseur, et, dès le 6 juin, reçoit des souhaits de bon repos qu'il lui fit la faveur d'un profond sommeil, et, de ses visites journalières, un soulagement successif qui se termina, le 21 du même mois, après la même promesse et la même bénédiction, par un rétablissement aussi complet que le premier. Le cardinal Ghilini, voulant s'édifier, visita lui-même cette pieuse fille, il l'entendit raconter le bienfait et louer son bienfaiteur.

Toutefois il est si doux de faire sa volonté propre, surtout en choses indifférentes ! Angèle ne croit pas manquer à la promesse de dépendre en tout de son confesseur, en se permettant une légère infraction aux recommandations du missionnaire du Pino, et la voilà de nouveau attaquée des mêmes maux auxquels se joint la dyssenterie et un tremblement qui agite la tête et le tronc. Les évanouissements se multiplient. Il faut en venir cette fois aux préparatifs de la mort, et le saint Viatique étant impossible, à cause des vomissements continuels, le 24 juillet 1786, elle reçoit la dernière des onctions du chrétien. Elle reconnaît alors son tort, se souvient de la réprimande du serviteur de Dieu, et re-

2*

pentante, recourt encore à lui intérieurement. La miséricorde des saints participe de l'infinité de celle du Seigneur. Le confesseur, dans une de ses visites, se sent inspiré d'exhorter la malade à une parfaite indifférence sur sa guérison ; elle se conforme à son avis et bientôt le Vénérable se montre une troisième fois, le 11 août, reprend l'infidèle avec plus de véhémence, et lui promet la santé aux mêmes conditions. Ensuite il lui arrache de la poitrine la racine du mal, et aussitôt elle recouvre forces, appétit, voix et bien-être. Il est à croire qu'elle fut plus obéissante par la suite, puisqu'elle ne fut plus sujette à la rechûte et que confesseur et médecin, qui en avaient suivi toutes les phases, pendant 17 ans, et un conventuel, le P. Antoine Carolini, devenu, en 1787, évêque de Lorette, puis cardinal, se joignirent à elle pour attester toutes les circonstances de ce singulier prodige successif.

La conversion d'un ministre protestant, M. Thayer, qui avait résisté jusque là, il le raconte lui-même, à toutes les instructions et toutes les lumières, mérite aussi d'être signalée. Les nombreux miracles qui se succédaient, autour du tombeau du Bienheureux, et qu'il étudia minutieusement, sous la direction de l'abbé Marconi, lui ouvrirent les yeux. Il fit abjuration solennelle, le 25 mai 1783, devant un grand nombre d'amis, et, après avoir renoncé à son état, à sa fortune, à sa famille, entra au séminaire de Saint-Sulpice. Plus tard, après être venu confirmer sa foi et sa vocation à Amettes, il devint missionnaire à Londres, en Amérique et en Irlande où il mourut, à Limerick, en 1816.

La première faveur obtenue en France, par l'intercession du Bienheureux, dont on ait conservé le souvenir authentique, le fut dans l'église d'Amettres, le 28 juin 1783, par Marie-Hélène Bayart, veuve de Pierre Delattre, d'Hesdigneul. Cette pauvre femme, affligée d'une paralysie de la jambe gauche, depuis quinze ans, et d'une descente de matrice, depuis quatorze, en était réduite à se traîner sur les pieds et sur les mains, sans pouvoir même se soutenir sur des béquilles. Elle avait pourtant souffert avec une grande résignation, lorsqu'elle entendit parler des grâces que l'on obtenait dans l'église d'Amettes. Elle part le 28 juin, et, après avoir souffert pendant quatre lieues le cahot d'une charrette, se fait porter à l'église. A peine y avait-elle récité trois *Pater* et trois *Ave*, qu'elle fut prise de douleurs tellement violentes aux genoux, qu'elle en versa une sueur abondante et en perdit l'usage de la vue. Mais, après être restée évanouie pendant quelques instants, elle se leva tout à coup et s'écria d'une voix éclatante : «Jésus, Marie ! mon Dieu, mon Dieu! je suis guérie.» Elle entendit ensuite à genoux une messe chantée et fit le tour de l'église appuyée sur ses deux fils. Elle alla ensuite à la maison vicariale, où la mère même du Bienheureux lui apporta à manger et où la foule accourut au bruit de cette merveille.

Après avoir fait sa déclaration au curé d'Amettes, devant un grand nombre de témoins, elle prit le chemin de Ferfay pour entendre la messe de l'abbé Labre, frère du Bienheureux, qui y était chapelain, fut reçue à Hesdigneul au son des cloches, assista à un salut solennel d'actions de grâces et reprit les humbles occupations de sa vie ordinaire, non sans retourner plus d'une fois à Amettes remercier son bienfaiteur.

Une religieuse de la Providence de Chartres,

nommée Jeanne-Antoinette Boulard, obtint la deuxième faveur que les actes authentiques de la cause du Bienheureux signalent en France. Elle était attaquée d'une pulmonie qui ne laissait plus aucun espoir, lorsque, pendant une neuvaine en l'honneur du Bienheureux, réclamée par le supérieur, M. l'abbé Ferrand, et commencée le 26 août 1783, elle sortit entièrement guérie.

La troisième guérison fut celle de l'abbé Dinouart, chanoine de la collégiale de Saint-Benoit, à Paris. Voici comment il raconte lui-même le miracle dont il fut l'objet:

«En 1780, j'eus une attaque de goutte plus cruelle que les precédentes et qui dura plus de six mois. Elle dégénéra en goutte scorbutique ; les muscles de la jambe gauche éprouvèrent la sensation la plus violente. A la longue, la goutte avait disparu, mais depuis ce moment eette jambe gauche était restée enflée et raide comme un bâton. Un de mes amis vint me voir, il y a trois mois, il me parla le premier du vénérable B.-J. Labre, et des miracles que Dieu opérait par son intercession. Au récit qu'il m'en fit, le Seigneur m'inspira la vénération la plus profonde pour son serviteur et depuis, la vivacité de ce sentiment ne fit qu'augmenter.

Enfin. il y a plus de deux mois que Dieu m'inspira la pensée d'invoquer le Bienheureux. Je fis alors deux neuvaines en son honneur ; je mis autour de la jambe malade un ruban sur lequel j'avais écrit : Vénérable serviteur de Dieu Labre, priez pour moi. Le Seigneur à daigné accorder ma guérison à ses prières. Ma jambe est aujourd'hui entièrement semblable à l'autre ; je marche avec la même facilité que si je n'y avais jamais eu de mal. »

Paris fut également témoin de deux autres miracles : le premier, du 17 octobre 1783, en faveur d'une vieille femme du nom de Leclerc, qui habitait rue Saint-Antoine, et qui était affectée d'une grave hydropisie de poitrine ; le second en faveur d'une demoiselle qui souffrait d'une dartre volante depuis plus de quatre ans, et en fut subitement délivrée par l'application d'une image du Bienheureux, le 10 décembre 1783.

Les villes les plus favorisées par le Bienheureux furent ensuite Abbeville, qui obtint trois miracles, Saint-Germain-en-Laye qui en obtint quatre, Rouen, Tours, Villeneuve-le-Roi, Nogent et Charleville qui en obtinrent chacune un. Voici ce qui se passa à Charleville, le 28 février 1784. La Meuse, subitement grossie par une fonte extraordinaire de neige, inondait tout le pays et menaçait de renverser le monastère des chanoinesses du Saint-Sépulcre. Déjà l'eau avait envahi l'église et le rez-de-chaussée du monastère ; les religieuses et leurs pensionnaires, réfugiées aux étages supérieurs, réclamaient du secours, et, devant l'inondation qui montait toujours, la ville entière était remplie d'effroi, lorsque la supérieure se sentit inspirée de faire à haute voix et au nom de toute la communauté le vœu d'une communion générale en l'honneur du Bienheureux Labre. Il était six heures du soir quand ce vœu fut formulé ; aussitôt l'eau du fleuve commença à diminuer et, le lendemain, les religieuses avaient repris possession de leur rez-de-chaussée entièrement évacué par les eaux.

La Belgique eût aussi sa part des faveurs de notre Bienheureux. Une carmélite de Ciney, dans le diocèse de Liège, sœur Anne-Josèphe de Saint-Jean-Baptiste, malade depuis huit ans, d'une grave paralysie et d'abcès périodiques, qui mirent plusieurs fois sa vie en danger, recouvra subitement, le 7 mars 1785, non seulement la santé, mais ce visage frais et vermeil, ces yeux vifs, cette voix assurée, cette énergie de démarche qui caractérisent la force et la vigueur. Toute la ville, qui la savait exténuée par huit années de maladie, émerveillée de ce changement subit, rendit à Dieu de publiques actions de grâces, et fit parvenir à Amettes l'expression de sa reconnaissance. La guérison de Marie-Catherine Malcorps, de Jodoigne, en Brabant, que plusieurs médecins de la Faculté de Louvain avaient dû abandonner, fut tout aussi éclatante.

Il nous reste à signaler deux miracles obtenus dans notre propre diocèse, l'un à Boubers-sur-Canche et l'aute à Fiefs, dans le voisinage d'Amettes.

Augustine-Josèphe Boitel, fille d'un maréchal de Boubers-sur-Canche, était depuis vingt ans comme un raccourci de toutes les souffrances de notre pauvre humanité : tressaillements, délires, syncopes, contractions musculaires qui lui avaient tordu les pieds, les bras et les doigts ; elle avait fini par abandonner tous les remèdes et à attendre la mort comme un bienfait, lorsque, le 31 janvier 1784, son frère, maréchal comme son père, vint lui raconter la guérison d'une hospitalière d'Abbeville, par l'intercession du Bienheureux. Aussitôt Augustine commence sa neuvaine, fait dire le lendemain, qui était un dimanche, une messe à la même intention, et, dans la nuit suivante, se sentant un peu moins mal, veut changer de place. Mais quelle est sa surprise! ses doigts, ses poignets, ses coudes, ses jambes, auparavant contractés, se détendent, obéissent à sa volonté aussi bien que dans son enfance. Elle s'essaie de plusieurs façons et appelant sa mère : «Je suis guérie ! » s'écrie-t-elle. La mère se lève aussitôt, allume une lampe, ne peut en croire ses yeux ; plus de plaies, plus d'excoriations aux mains ni ailleurs. « Ce n'est pas tout ma mère, ajoute la malade, j'ai une faim prodigieuse. » La mère court chercher de quoi l'apaiser, en un mot, c'était une nouvelle jeunesse qui commençait à 39 ans, après vingt-et-un de maladie. Le curé, qui estimait cette fille à cause de sa piété, aussi bien que de sa longue et inaltérable patience, étant averti, dès le matin, vint immédiatement la voir. Tout le bourg fut bientôt informé et frappé d'étonnement ; entre les offices, c'était à qui viendrait complimenter la miraculée. Dès le 16 avril suivant, le procès fut ordonné par l'évêque d'Amiens, qui, connaissant le curé, Noël-François Philippot, homme docte et capable, le nomma juge commissaire. Ne pouvant, en cette qualité, servir de témoin, il joignit au procès-verbal un certificat détaillé, dont la lecture suffirait seule pour être convaincu de la grandeur comme de la réalité du miracle.

C'est le 25 mars 1786 que fut également guéri, par l'intercession de notre Bienheureux, Pierre-Joseph Vincent de Fiefs. C'était un pauvre journalier, atteint depuis quatre ans d'une paralysie des jambes, qui lui permettait à peine de se transporter de son lit au coin du feu, à l'aide de deux béquilles. Tous les remèdes ayant été inutiles, il pria quelques amis et parents de faire pour lui une neuvaine de visites à l'église d'Amettes, promettant de s'y rendre lui-même, dès qu'il le pourrait. Il y vint en effet, le 25 mars, accompagné des siens, et y entendit une messe chantée avec une ferveur si extraordinaire, qu'il ne s'aperçut de la fin que par la bénédiction du prêtre. Alors il se leva de lui-même, au grand étonnement des spectateurs, alla faire sa déclaration au curé, monta sans secours à cheval et rentra à Fiefs aux acclamations de tous les habitants. La reconnaissance l'amena, pendant neuf jours et nu-pieds, à partir du 2 avril, dans l'église d'Amettes, pour remercier Dieu et son serviteur.

On nous permettra de borner ici le récit des nombreux miracles obtenus par l'intercession de notre Bienheureux ; dans les deux ou trois années qui suivent sa mort, plus de deux cents furent signalés, et la plupart ont été étudiés en détail. Là ne se bornèrent point, du reste, ses bienfaits.

S'il est vrai de] dire avec saint Grégoire le Grand, que la conversion d'un pécheur est un miracle plus grand que la résurrection d'un mort, on peut affirmer, en toute certitude, d'après l'abbé Marconi, que l'intercession du Bienheureux opéra une foule de miracles de premier ordre. Plusieurs même de ceux qui, grâce à lui, avaient été guéris de maux corporels, avouèrent que leur âme en avait ressenti de plus grandes faveurs : il paraît surtout que son intervention était assurée à qui le priait pour être délivré des tentations impures, comme si Dieu permettait que son énergique mortification et son angélique pureté pendant la vie fussent récompensées par ce touchant privilège. Les âmes généreuses, qui se sentaient portées à une plus grande perfection et qui l'invoquaient pour connaître les desseins de Dieu à leur égard, en recevaient aussi de précieuses lumières ; le Père Palma et l'abbé Marconi furent souvent les confidents et les intermédiaires de faits merveilleux.

Un prêtre de Rosoy-sur-Serres, l'abbé Pottelain, qui avait reçu de nombreuses faveurs spirituelles qu'il attribuait à l'intercession du Bienheureux, avait eu la délicate pensée d'en remercier, après Dieu et son bienfaiteur au ciel, le propre père de notre Bienheureux selon la chair. Voici un extrait de la lettre touchante qu'il adressait à M. J.-B. Labre, à Amettes, le 26 juin 1785:

« Mon très cher et très vénérable père, j'espère que vous ne vous offenserez pas de la liberté que je prends d'employer en vous écrivant un nom si respectable. Votre bienheureux fils a tant prié, tant gémi pour la conversion des pécheurs et probablement pour la mienne, que cela donne lieu d'espérer que vous voudrez bien me recevoir au nombre de vos enfants adoptifs. Quelle satisfaction ce sera pour moi d'aller décharger mon cœur auprès de vous et de m'y acquitter de la reconnaissance que je dois au digne serviteur de Dieu, pour tout le bien qu'il m'a fait, ainsi qu'à ma famille et surtout à mon respectable père, qui se porte à merveille depuis que j'ai pris la liberté de le recommander à vos prières ! J'espère que mon pèlerinage me procurera plus d'attention et plus de fidélité aux grâces du ciel ; je l'attends de la protection de votre fils, mon nouveau patron. »

L'histoire parle de Louis XIV, écrivant au père de Bossuet, pour le féliciter des premiers succès oratoires de son fils ; n'est-il pas aussi touchant de voir l'humble mercier d'Amettes félicité et remercié des miracles et de la protection de son bienheureux fils ?

Il semble que notre Bienheureux voulut après sa mort dédommager ses parents du pénible sacrifice qu'il avait dû leur imposer durant sa vie. Aussi furent-ils plus même que les intermédiaires d'un certain nombre de ses faveurs, ils en furent les objets. Nous verrons plus tard comment le saint évêque de Boulogne, Monseigneur de Partz de Pressy, qui était aussi un noble gentilhomme, sut honorer le père et la mère du Bienheureux ; qu'il nous suffise de terminer ce chapitre en racontant les bienfaits spéciaux dont il gratifia son frère puîné, l'abbé Jacques-Joseph Labre.

Nous avons déjà dit que Jacques-Joseph, né en 1750, ordonné prêtre en 1775, n'avait point tardé à être atteint d'une maladie nerveuse qui avait altéré sa santé et l'avait mis à la charge de ses parents. Ce pauvre malade était de plus tourmenté de scrupules incurables qui ne le rendaient pas seul malheureux. Cette situation s'améliora aussitôt après la mort du Bienheureux, et M. Vincent, curé d'Œuf, son oncle, dans une lettre du 21 octobre 1783, à M. Marconi, n'hésitait pas à l'attribuer à ses prières. L'année suivante, le 27 mai, l'abbé Labre écrivait lui-même au même abbé Marconi, pour se réjouir de sa guérison et former des vœux ardents pour qu'il lui fût permis, un jour, d'aller à Rome arroser de ses larmes le tombeau de son bien-aimé frère.

Ces vœux ne se réalisèrent point. Quelques années plus tard, l'abbé Labre dut quitter l'annexe de Ferfay, dont il était desservant, et rentrer de nouveau dans sa famille. Là, protégé en partie par l'esprit religieux du pays et par l'intérêt qu'inspirait son état maladif, il put prolonger son séjour jusque sous la Terreur, sans même quitter l'habit ecclésiastique, ce qui donna lieu au fait suivant réputé miraculeux dans toute la contrée.

L'Artois, en 1793, eût une sorte de résistance que l'on baptisa, en la grossissant, du nom de petite Vendée. Or le centre de ce mouvement, bien anodin d'ailleurs, était précisément dans les bois de Nédon et de Fiefs, aux environs d'Amettes. Les autorités révolutionnaires, aussitôt informées, se donnèrent de grands airs de libérateurs et dirigèrent des hommes et du canon pour arrêter la contre-révolution. Or les soldats de l'expédition, raconte le Père Desnoyers, devaient passer par Amettes, village très suspect aux républicains et très divertissant pour eux, comme patrie d'un saint pèlerin dont ils faisaient gorge chaude. Leur projet était de dévaster et de piller l'église et la paroisse. Arrivés, le lundi

de la dernière semaine d'août, à une croiserie
de chemins, où se trouvait un petit oratoire
dédié à Marie, par la famille Labre, ils rencon-
trent tout auprès Jacques-Joseph, qui se pro-
menait paisiblement en soutane, et récitant
son bréviaire. On peut se figurer quelle rage
excita cette vue dans ces esprits farouches.
Le commandant s'élance lui même vers le
pauvre prêtre et lui assène un violent coup
de sabre sur la tête. La victime tombe et se
blesse la figure contre un caillou : mais comme si le tranchant de l'arme eût été émoussé,
il n'avait pas même entamé la peau. A l'instant Jacques se relève, ramasse son bréviaire
et son chapeau et s'incline pour saluer son
bourreau, sans ressentir aucune douleur du
coup meurtrier qu'il a reçu.

Le général, frappé de stupeur, avoue
qu'il ne comprend rien à ce prodige ; connaissant la force de son bras et la trempe de son
arme, et ayant frappé, disait-il, de manière à
fendre une tête de fer. On lui apprend alors
que ce prêtre est le frère du pèlerin mort à
Rome, qui était un peu auparavant l'objet
de leurs moqueries. « Je comprends tout
maintenant s'écria-il, et le doigt de Dieu est

ici. » Aussitôt il donne un sauf-conduit et une escorte à M. l'abbé et fait sur le champ proclamer un ordre du jour, portant défense à tous les soldats d'entrer dans l'église, et de nuire en rien aux personnes et aux choses dans toute l'étendue de la commune. C'est ainsi que l'église fut providentiellement préservée de la profanation et la paroisse du pillage. Non content de cela, le commandant, inquiet du résultat de ce qu'il nommait sa vivacité, vint plusieurs fois visiter Jacques, l'interrogeant sur ce qu'il avait éprouvé du terrible coup, et celui-ci, chaque fois, répondait qu'il n'avait ressenti et ne ressentait pas la moindre douleur. Aussi ce militaire, non moins attendri qu'étonné, allait partout répétant que le Tout-Puissant seul avait pu garantir cette tête de la vigueur de son bras.

VI.

LE PROCÈS D'INFORMATIONS.

Aussi sévère que se montre l'Eglise, dans l'observation des règles qu'elle a tracées, pour autoriser un commencement de procédure, elle conserve toujours le droit, elle a même le devoir de sortir des lois communes, quand elle a des motifs prépondérants. Nous avons dit combien elle se met en garde contre les premiers hommages qui pourraient procéder de l'enthousiasme ou de l'illusion, mais il est des cas où la voix publique parle si haut, si ferme, si unanimement, qu'elle parait devoir suppléer à l'épreuve des temps, et peut être à bon droit considérée comme la voix de Dieu.

Or, si jamais le motif d'exception, prévu par Benoit XIV lui-même, put être invoqué, ce fut bien en faveur de notre Bienheureux. C'était un étranger, un inconnu, un misérable mendiant, et pourtant jamais le suffrage populaire ne s'est exprimé d'une manière plus imposante ; jamais la voix des miracles ne s'est unie d'une manière plus frappante à l'héroïsme des vertus ; il y avait donc lieu d'espérer que l'autorité ecclésiastique ne s'opposerait pas à l'ouverture du procès.

C'est ce que présuma le recteur de l'Eglise de N. D. des Monts, le père Gaétan Palma, lorsqu'il en prit l'initiative, un mois seulement après la mort du Bienheureux. D'un esprit cultivé, d'un caractère calme, d'une admirable vertu et d'une persévérance à toute épreuve, ce prêtre, dont les démarches étaient d'autant plus impartiales qu'il avait à peine connu le saint pauvre, était véritablement prédestiné à faire les premières ouvertures. Le cardinal vicaire, Marc-Antoine Colonna, accueillit sa demande, qui était du reste fortement motivée, le nomma postulateur de la cause et chargea immédiatement douze collecteurs de recueillir les aumônes des fidèles, pour faire face aux frais de cette longue procédure.

Le premier acte du postulateur fut de réclamer la constitution d'un tribunal destiné à réunir toutes les informations que la cause comportait. Il l'obtint sur le champ ; et l'arche-

vêque de Néo-Césarée, Mgr Jérôme Volpi, en
fut nommé juge, avec D. Coselli pour procureur. Les premiers témoins s'offrirent d'eux-
mêmes. Soixante-cinq furent cités par le postulateur et le procureur en ajouta vingt-six
d'office. On distribua à chacun une série de
questions posées, les unes par le procureur,
les autres par le postulateur, et auxquelles
ils devaient répondre en conscience. Aux
questions écrites, qui étaient au nombre de
cent trente-deux, succédèrent les interrogatoires, qui prirent quatre cent deux séances et
durèrent plus de deux ans.

Commencée le 6 juin 1783, cette longue investigation qui s'ouvre auprès de l'abbé Marconi, professeur de théologie morale au Collège Romain, confesseur du serviteur de Dieu,
et se continue auprès des prêtres, des laïques, des hommes et des femmes qui ont connu le Bienheureux et peuvent déposer en
quelque manière pour ou contre ses mérites
et ses vertus, ne se termina que le 22 septembre
1785. Les volumes qui la recueillirent comp-
tent plus de trois mille trois cents pages et
le sommaire, qui en a été imprimé par ordre
de la Congrégation des Rites, compte lui-

même plus de cinq cents pages d'un format grand in-4º.

Nous y voyons naturellement intervenir les confesseurs du Bienheureux, et particulièrement le père Joseph-Marie Temple, de l'ordre des Mineurs conventuels, pénitencier apostolique de la basilique de Lorette. Cet illustre religieux, né à Turin en 1737, et chargé de la pénitencerie de Lorette, après l'expulsion des Jésuites, avait deviné la grande âme qu'il avait été appelé provisoirement à diriger. Aussi avait-il provoqué, en dehors du saint tribunal, le serviteur de Dieu à des conférences spirituelles qui lui permirent d'explorer pour ainsi dire cette vertu sans égale. Il le fit avec une prudence et avec une sagacité admirables, mettant, pour ainsi parler, le Bienheureux à la question et même à la torture, mais obtenant de son obéissance des révélations sublimes qu'il avait soin de consigner sur le champ. Grâce à ses notes précieuses, il put, mieux que personne, exposer la vie intime du Bienheureux et mettre au jour les diamants spirituels qu'il avait su découvrir en lui. Aussi le postulateur de la cause lui en exposa-t-il sa plus grande admiration et sa plus vive reconnaissance.

Nous y retrouvons aussi ses fidèles amis de Rome, Jacqueline Bombled, qui vénérait en lui un compatriote et un saint, toute la famille Zaccarelli, le soldat Nicq, de la garde suisse, des malades qu'il avait guéris et jusqu'à ses compagnons de mendicité.

Parmi les témoins d'office, il nous faut signaler le père Blaise Piccilli, consulteur de la S. Congrégation des Rites. C'était un homme instruit, d'une parole facile et féconde ; avant d'aspirer au sacerdoce il avait étudié la médecine et avait même pris le grade de docteur. Après avoir manifesté pour le Bienheureux une admiration profonde, trop grande même, puisqu'elle alla jusqu'à lui faire enfreindre a son égard les décrets d'Urbain VIII, ce dont il fut réprimandé par le P. Palma, il changea tout à coup d'opinion. Ce revirement eût lieu a la suite de la désignation du postulateur. On peut supposer qu'il se crut supplanté dans un poste qu'il ambitionnait secrètement. Quoi qu'il en soit, sons prétexte de se mettre en quête de nouvelles lumières il revint sur ses précédentes sympathies, et ne trouva plus dans la vie du Bienheureux qu'une matière à critique. Enfin, quand vint son tour de déposition, son antipathie éclata et son premier acte fut une véritable déclaration de guerre. Benoit, pour lui, devint un janséniste forcené qu'il ne craignit même pas d'attaquer en chaire. Autour de Piccilli se groupèrent dès lors quelques opposants, et pendant plus de dix ans, cette opposition tolérée par les autres témoins, par les prélats, par les cardinaux, par le Pape lui-même, aux pieds duquel Piccilli ne craignit pas de porter sa protestation, put se manifester en plein jour, sans que la longanimité romaine y mit le moindre obstacle. Le zélé postulateur se contenta d'en réfuter surabondamment tous les sophismes, laissant le reste à la Providence et à l'opinion publique. Cette modération, dit l'avocat de la cause, est le meilleur mode d'imitation de l'auguste client qui souffrit et pardonna toujours. Dieu sembla du reste prendre lui-même en main la cause de son serviteur. Le chef de la conspiration tomba dans le discrédit et son orgueil l'ayant poussé à oublier quelques règles de son ordre et à négliger les avertissements, il fut chassé de la compagnie des *Ouvriers pies* à laquelle il appartenait.

La campagne d'opposition, menée par le père Piccilli contre la cause du Bienheureux, ne fut ni la seule ni la plus curieuse ; cette cause rencontra dans la diplomatie européenne, conduite par un cardinal français, une opposition plus singulière et plus vive encore, dont elle triompha également.

Les cours bourbonniennes du XVIIIᵉ siècle, on le sait, avaient consacré les derniers efforts de leur diplomatie à arracher à la lassitude du pape Clément XIV le fameux bref du 21 juillet 1773, qui supprimait, sans le condamner, la Compagnie de Jésus. Depuis ce jour à jamais mémorable, qui donna le coup de mort à un Pape et livra la société chrétienne, dépourvue d'avant-garde, aux coups directs de la Révolution, il semble que le fantôme d'un jésuite hantait le cerveau des ambassadeurs à la cour de Rome. Le cardinal de Bernis surtout, ambassadeur de la cour de Versailles, et qui avait eu un rôle prépondérant dans l'œuvre de suppression, ne voyait que des jésuites derrière toutes les dévotions. Aussi le retentissement prodigieux de la sainteté du Bienheureux, aussitôt après sa mort, le concours extraordinaire des fidèles autour de son tombeau, sa renommée portée sur le champ aux quatre coins du monde, ne pouvaient qu'être l'effet d'une conjuration ténébreuse, puissante, *jésuitique*. Cette supposition prit surtout corps lorsque le roi d'Espagne, qui poursuivait avec acharnement la béactification de l'évêque Palafox, précisément parce qu'il s'était montré l'adversaire des jésuites, crut trouver un antagoniste de son client, dans ce candidat nouveau, inconnu hier, et appuyé par une éclatante renommée. Comme au temps de Clément XIII, l'Espagne et la France se donnèrent la main pour ce nouveau combat.

Voici un spécimen curieux des correspondances que le cardinal de Bernis adressait, sur ce sujet, au ministre des affaires étrangères, le comte de Vergennes :

« *Rome, 5 juin* 1785. — Il n'est pas douteux que le parti des Jésuites, à Rome, ne soit le moteur de l'éclat que continuent de faire ici les miracles sans nombre, qu'on attribue au mendiant B.-J. Labre, du diocèse de Boulogne-sur-Mer. Les gardes qu'on a mis à son tombeau et la balustrade qui l'entoure, toujours ouverte aux malades et aux infirmes, n'ont fait qu'autoriser davantage le culte public qu'on lui a rendu, dès le moment de sa mort, en l'invoquant sans cesse, en distribuant ses images et ses reliques, et en autorisant, avant le temps prescrit, et avant d'avoir reçu des informations de France et des pays qu'il a fréquentés, l'introduction de sa béatification.

« Je sais, par des ex-jésuites français et par les lettres de Paris venues par ce courrier, qu'on a annoncé en France à toutes les personnes pieuses, même les plus respectables, attachées au parti des jésuites, les prodiges qui s'opèrent, dit-on, au tombeau de ce mendiant. On parle toujours de ses prophéties (1), qui n'étant connues que de son confesseur, entièrement dévoué aux jésuites, peuvent facilement être arrangées selon les vues de ce parti. On se presse sans doute d'obtenir un décret favorable de la Congrégation des Rites, afin de donner plus de

(1) Ces prophéties, dont l'abbé Marconi fut l'unique confident, ne furent révélées qu'au *Procès apostolique* de 1795 ; nous les mentionnerons plus tard.

poids à ces mêmes prophéties. Le Cardinal-Vicaire a nommé douze personnes distinguées, pour faire la quête dans toutes les maisons de Rome, afin de subvenir ainsi à la dépense considérable qu'exigent de semblables causes. C'est le cardinal Colonna, vicaire de Sa Sainteté, qui est à la tête de cette affaire, et qui n'y emploie que les personnes les plus déclarées en faveur de la société éteinte. Le Pape voit tout cela, garde le silence et laisse faire.

« Je crois pouvoir hasarder d'avance que, si les prétendues prophéties de Benoit Labre viennent à paraître, on y attribuera tous les maux qui affligent aujourd'hui le Saint-Siège à la destruction d'une compagnie qui l'avait toujours courageusement défendu. Au reste, Monsieur, on est soupçonné ici d'impiété, quand on forme le moindre doute sur la vérité des miracles sans nombre qu'on prétend s'opérer tous les jours par l'intercession du Saint français : car c'est ainsi qu'on le nomme. »

Parti de là, le cardinal de Bernis surveilla les progrès de la cause de notre Bienheureux, comme on surveille une conspiration qui mettait son habileté diplomatique en échec, il en signala les moindres incidents avec une sollicitude qui frisait parfois le ridicule et même le mensonge. C'est ainsi qu'il reproche à la Sacrée Congrégation des Rites de se laisser aller à l'enthousiasme, qu'il fait entrer le vieil évêque de Boulogne dans le complot des jésuites. qu'il met le P. Lejeune à l'index, qu'il doute même de la frugalité du Bienheureux.

Les inquiétudes exagérées et les lettres dilatoires de l'ambassadeur français n'arrêtèrent point, il est vrai, le succès de là cause du Bienheurenx. Mgr François-Joseph de Partz de Pressy (1), le vénérable évêque de Boulogne, qui se félicitait d'avoir conféré le sacrement de confirmation à son illustre diocésain, et avait, comme il écrivit plus tard, la légitime ambition de voir la solennité de sa béatification, prit en main cette cause, avec la sagesse et la décision qui caracté-

---

(1) François-Joseph-Gaston de Partz de Pressy, né au château d'Equirre, le 22 septembre 171?, et sacré évêque de Boulogne, par Mgr de La Motte, dans la cathédrale d'Amiens, le 15 septembre 1743, commença à l'âge de 31 ans ce beau et fécond épiscopat dont les Boulonnais conservent encore l'impérissable souvenir et qui ne se termina que le 8 octobre 1789.

risent toutes les œuvres de ce grand évêque.

Dès la fin d'avril 1783, il avait appris par
l'abbé Fontaine, lazariste, ancien professeur
au séminaire de Boulogne, puis par l'abbé
Marconi, les circonstances extraordinaires
de la mort du Bienheureux.

Sur le champ, par une commission épiscopale, en date du 16 mai 1783, le curé et le
vicaire d'Amettes furent chargés de procéder
à la connaissance des circonstances de la
jeunesse de Benoit-Joseph Labre.

A partir de ce jour, le curé Playoult et le
vicaire Bourgeois firent comparaître au presbytère et interrogèrent minutieusement le
père du Bienheureux, sa mère, son premier
maître M. Hanoset, depuis curé de Boyaval,
François-Joseph Forgeois, domestique de M.
Hanoset, ancien maître d'école d'Amettes,
Paul Viroux ancien domestique du curé
d'Erin, le vicaire de Burbure Théret et Bar-
thelemy Delerue instituteur à Nédon. Les
lettres de M. Vincent curé de Lespesse, et de
M. Dufour curé d'Auchy-au-Bois, complétèrent
ces précieuses dépositions des premiers
témoins de la vie de Benoit. Elle furent

envoyées à Monseigneur l'évêque de Boulogne, par lui à Rome et fournirent les premiers éléments d'une vie qui fut publiée immédiatement par l'abbé Marconi.

Le 28 juin de la même année, le postulateur Palma écrivit à Mgr de Pressy, pour lui demander de commencer dans son diocèse le procès d'informations réclamé par les décrets. Il lui envoyait en même temps plusieurs images du Bienheureux et quelques objets qui lui avaient appartenu.

En attendant que le savant postulateur lui traçât, comme il le lui promettait, la marche à suivre pour le procès et la forme des interrogatoires, Mgr de Boulogne profita de la première occasion, celle d'un mandement qui ordonnait des prières en faveur des biens de la terre, pour faire part à ces diocésains de la joie qui inondait son âme :

« Qu'il nous soit permis de manifester ici, écrivait-il le 3 juillet 1783, pour l'édification publique, la joie particulière que nous donnent les justes motifs de présumer grandement que le nombre des bienheureux habitants du ciel a été augmenté depuis peu par un de nos diocésains, mort au mois d'avril dernier à Rome, où, en menant une vie très-austère et cachée en Dieu avec Jésus-Christ, il pouvait dire avec saint Paul : « le monde est crucifié pour moi, et moi pour le monde. » Quoique son extérieur fort abject parût aux yeux de la chair n'avoir rien que de rebutant et d'affreux, cependant son insigne piété, son humilité profonde, son amour aussi grand pour la pauvreté que généreux pour les pauvres, avec qui il partageait les aumônes qu'il avait reçues sans les avoir demandées, lui avaient attiré l'estime, la bienveillance, la vénération de tous les vrais appréciateurs de ses excellentes vertus, surtout de sa continuelle application à la prière, dont l'assiduité que vous, ô faux sages de notre siècle, cherchez tant à décrier, à réprimer, à détruire, comme étant presque le vil partage des personnes inutiles à la société, ne peut toutefois être trop louée, trop exaltée, trop protégée, puisque selon un oracle divin, auquel les discours artificieux de la sagesse humaine n'opposent que des raffinements vains et illusoires, elle a beaucoup de pouvoir auprès du souverain Maître des temps, des cœurs et des événements...

« Grâces et gloire soient à jamais rendues
à la bonté divine qui, pour opposer des digues
aux « torrents d'iniquité » dont la terre est
aujourd'hui inondée, et des contre-poissons
aux venins d'incrédulité dont elle est infectée,
a fait notoirement paraître des signes surnaturels et merveilleux dans la capitale du
monde chrétien, afin que la vive et générale
sensation qu'ils ont produite se répandît plus
aisément de toute part jusqu'aux régions les
plus lointaines, et servît davantage au triomphe de la religion, à la confusion de l'impiété, à l'affermissement de la foi, à l'encou-
ragement de la ferveur. Grâces et gloire lui
en soient rendues, surtout dans ce diocèse,
heureux d'avoir donné naissance à cet illustre
pénitent ; plus heureux de l'avoir pour spécial protecteur dans le ciel ; plus heureux
encore si le récit ou le souvenir de ses héroïques vertus contribue à y former un grand
nombre d'imitateurs de son oraison assidue
et de son application constante à s'humilier,
à se vaincre soi-même, à dompter ses pas-
sions, à crucifier sa chair, à conquérir par de
généreux efforts et à emporter par violence
le royaume des cieux, où il occupe à présent

un trône d'autant plus élevé, et goûte une félicité d'autant plus délicieuse, qu'il s'est abaissé plus profondément sur la terre, et qu'il a porté plus courageusement la mortification de Jésus-Christ sur son corps, exténué de jeûnes et d'austérités.

† FRANÇOIS-JOSEPH,
Évêque de Boulogne »

A la prière de l'abbé Marconi, M. Vincent, curé d'OEuf, qui tenait la plume pour toute la famille, avait fourni des notes précieuses sur celui qui appelle le cher Benoît, en regrettant ne n'en pouvoir donner davantage. Il signale des faveurs extraordinaires obtenues dans les environs d'OEuf. « Il y a même une personne dans ma paroisse, ajoute-t-il, qui reconnaît être beaucoup soulagée depuis qu'elle invoque notre illustre pénitent ; mais ces faits ne sont pas assez avérés pour être publiés comme des effets surnaturels, aussi je n'ai garde de vous les rapporter comme tels. »

Voici la touchante conclusion de cette lettre, datée du 25 août 1783 : « Il me reste, Monsieur, à vous témoigner la plus vive reconnaissance des parents, pour la peine que vous avez prise de leur écrire particulièrement. Ayant été l'instrument dont Dieu s'est servi pour conduire leur fils à un si haut degré de perfection et de sainteté, vous pouvez auprès de lui plus que personne ; ils vous prient donc d'employer votre crédit auprès de lui pour obtenir, par son entremise, les consolations dont il ont besoin, ou du moins la grâce de faire un saint usage des inquiétudes qui les agitent. »

Le curé d'Œuf dut aussi se mettre en relation avec le cardinal de Bernis, qui lui avait demandé un rapport circonstancié sur les différentes phases de la vie de son neveu. Le cardinal voulut même connaître la famille Labre, ses facultés, sa réputation et son rang ; enfin, il réclama un autographe du Bienheureux afin, dit-il, de constater l'indentité d'écriture avec des papiers qu'on lui a trouvés après sa mort.

M. Vincent, que cette grave affaire força même d'abandonner sa cure pendant près de deux ans, répondit à toutes les questions avec la gravité un peu austère qui le caractérisait. Il était préoccupé de ne rien émettre, et il recommdait à l'abbé Marconi de ne rien imprimer, qui ne fût conforme à la plus stricte vérité et appuyé sur les preuves les plus irréfutables. « Hélas ! disait-il, les hérétiques et les impies ont tant blasphémé la religion catholique, à l'occasion des récits trop peu sûrs que renferme la vie de ses saints ! »

C'est avec ce sage tempérament et cette sérieuse sollicitude des intérêts de l'Église et de la gloire du diocèse, qu'allait procéder enfin, au commencement de 1784, la Commission nouvelle nommée par Monseigneur de Pressy.

C'est le 28 janvier 1784 que Mgr l'évêque de Boulogne avait institué le tribunal devant lequel devait s'instruire le procès de notre Bienheureux. Le juge était M. J.-B de Méric de Montgazin (1), vicaire général du diocèse.

(1) Jean-Baptiste Olivier Placide de Méric de Montgazin, originair du diocèse de Toulouse et qui avait fait de brillantes études au séminaire Saint-Sulpice, fut le bras droit de Mgr de Pressy et porta la plus gran e partie du fardeau de l'administration pendant son long épiscopat

Nommé vicaire général de Boulogne, le 7 août 1748, il l'était encore, en 1789, après avoir consacré sa vie, ses biens patrimoniaux, ses bénéfices, aux œuvres de charité que patronnait l'illustre évêque.

Aussi retrouvons-nous dans le testament de Mgr de Pressy, après la désignation de quelques menus objets légués à M de Montgazin, cette mention touchante : «Tout cela est bien peu de chose pour reconnaître les longs et importans services que ce dernier a rendus dans ce diocèse, en m'aidant beaucoup à le gouverner : mais je le prie de l'agréer, en considérant *non tam donum quam donantis affectum.*»

Il devait avoir pour assesseurs M. Germain Rattier archidiacre et M. J.-B. Giblot du Bréau. Tous trois étaient docteurs en théologie ou en droit canon. Le postulateur Palma avait choisi, pour le remplacer dans cette procédure, le chanoine grand chantre Pierre Voulonne. Les délicates fonctions de promoteur furent aussi confiées à un membre du chapitre de Boulogne, M. Clément. Le notaire était M. Ballin vicaire chantre de la cathédrale.

Les témoins appelés à comparaître devant ce tribunal furent au nombre de treize. C'était d'abord le père du Bienheureux, Jean-Baptiste Labre, âgé d'environ 67 ans ; sa mère Anne-Barbe Grandsir, âgée de 69 ans : ses deux oncles le curé de Lespesses, âgé de 53 ans et le curé d'OEuf, âgé de 49. Venaient ensuite ceux qui l'avaient le mieux connu dans les différentes périodes de sa vie en Artois: Guillaume Lardeur, curé de Ligny-lès-Aire, Jacques-Adrien Dufour, curé d'Auchy-au-

A l'exemple de son évêque, qui avait institué le Petit Séminaire de Boulogne son légataire universel, M. de Montgazin se démit d'un bénéfice important en faveur de cette œuvre à laquelle il avait déjà contribué pour une somme de 12,000 livres.

(Etude sur la vie et les Œuvres de Mgr de Pressy, par M l'abbé D. Haignere.)

Bois, Jérôme Théret, vicaire de Burbure, le
Père François-Joseph Cappe, profès et procureur de l'ordre des Chartreux : Joseph Brisset et François-Joseph Forgois, cet instituteur d'Amettes qui lui avait donné les premières leçons. Le promoteur avait requis d'office
sœur Jeanne Deplanque, converse des Ursulines de Boulogne, Charles-Joseph Dupuich,
curé de Bergueneuse, et Michel-Joseph Fla-
mant, chanoine de la cathédrale de Boulogne,
qui tous les trois avaient bien connu le Bienheureux dans sa jeunesse.

Ouvert au commencement de mars, le procès dura un mois et eût trente-sept séances
aussi sérieuses qu'édifiantes. Ce fut surtout
un spectacle touchant de voir les heureux
parents de Benoît Labre appelés à déposer
sur la vie et les vertus de leur admirable fils.
La ville de Boulogne se montra pour eux pleine
de sympathie et de respect, et, si l'on en croit
un témoin oculaire, « quantité de dames respectables et autres femmes enceintes regardaient comme une très grande faveur, celle
d'embrasser cette respectable mère, afin d'attirer les bénédictions de Dieu sur leur fruit. »
Mais nul ne se montra plus dévoué et plus

3*

affectueux que le vénérable évêque. Pour honorer les parents de notre Bienheureux, il renonça à ses habitudes austères. L'évêché, fermé jusque-là aux femmes, s'ouvrit à Jean-Baptiste Labre et Anne-Barbe Grandsir qui non seulement y furent logés, mais furent encore admis à la table de l'évêque, pendant tout leur séjour. Il dînait au milieu d'eux et les servait, dit encore le témoin que nous avons cité, et c'était un spectacle attendrissant pour toute la ville.

La déposition de Jean-Baptiste Labre occupa deux séances; celle de sa femme en occupa deux autres, et c'est de leur bouche que les biographes du Bienheureux ont recueilli les édifiants détails de son enfance. Pour répondre à l'objection du promoteur, qui lui supposait des fautes de jeunesse, puisque, dans sa lettre du 2 octobre 1769, il demandait pardon à ses parents des chagrins qu'il leur avait donnés, ils déclarèrent que leur fils ne leur avait jamais donné d'autre peine que celle de les avoir quittés.

Les dépositions des oncles du Bienheureux et des principaux témoins permirent aux juges de rétablir toutes les circonstances de sa vie et quand le procès-verbal des séances eût été rédigé, le 2 juin, voici dans quels termes les juges le présentèrent à Monseigneur de Boulogne :

« Monseigneur, nous avons l'honneur de vous adresser le procès-verbal que vous nous avez chargés de faire sur la renommée de la sainteté de la vie, des vertus et des. miracles du serviteur de Dieu Benoît-Joseph Labre. Infiniment sensibles à la marque de confiance dont vous nous avez honorés, dans une commission aussi importante, nous avons porté tous nos soins pour y correspondre. Nous avons été secondés par le soin qu'a eu M. le Postulateur de ne nous présenter que des témoins aussi instruits par les relations particulières qu'ils ont eues avec le serviteur de Dieu, que dignes de croyance par la pureté de leurs mœurs et la régularité de leur conduite.

« Le zèle de M. le promoteur fiscal à relever, dans leurs dépositions, jusqu'aux moindres traits qui pouvaient répandre quelques nuages sur les vertus du serviteur de Dieu, a servi, par les réponses qu'on y a faites, à en constater davantage la réalité, et à les mettre dans le plus grand jour, et son attention à faire assigner d'office des personnes qui l'avaient connu dès sa plus tendre jeunesse, et qui ne sont pas moins recommandables par leur vie exemplaire que par la sainteté de l'état qu'elles ont embrassé, ne nous permet pas d'avoir le moindre doute sur leur témoignage. Nous n'avons rien aperçu, dans aucun témoin, qui puisse nous en faire soupçonner la sincérité ; tout au contraire, dans leur air et dans leur maintien, nous a fait connaître, que pénétrés de la religion du serment qu'ils avaient prêté, ils avaient véritablement à cœur d'en remplir les obligations.

« Nous sommes avec un très profond respect, Monseigneur, vos très humbles et très obéissants serviteurs.

« L'abbé de Montgazin, juge délégué ;
Rattier, juge-adjoint délégué ;
Giblot du Bréau, juge-adjoint délégué.

« Boulogne-sur-Mer, ce 3 juin 1784. »

Mgr de Pressy se hâta d'adresser à Rome le résultat des graves études du tribunal qu'il avait institué, et il l'accompagna d'une lettre où l'on ne sait qu'admirer le plus de sa piété ou de sa sagesse. Son étendue nous empêche de la citer en entier. Après avoir rendu un légitime hommage à la science et à la probité des juges du procès, et montré, qu'en tout temps, c'est un grand bienfait pour l'Église qu'un nouveau saint, il arrive au Bienheureux et montre l'opportunité de son exemple et de son culte, à une époque où l'iniquité surabonde, où la charité se refroidit, où la foi s'éteint dans les âmes sans nombre qui se laissent séduire par les vains sophismes de la philosophie antichrétienne. S'élevant ensuite à une considération plus haute, il montre que «l'exercice solennel que le Vicaire de Jésus-Christ sur la terre va faire de son autorité donnera un admirable spectacle au monde, car il manifestera, dit-il, ouvertement les effets de cette sagesse si salutaire de la Divinité, qui choisit ce qu'il y a de plus ignoble et de plus faible, pour confondre plus glorieusement les puissants et les forts, et de cette Providence supérieure, toujours attentive, qui, lorsque les portes de l'enfer redoublaient de violence et d'efforts pour prévaloir contre l'Église, à daigné armer son bras de puissance, afin de disperser, selon les pensées de son cœur, et de rendre méprisa-

bles les superbes qui le méprisent, et au contraire d'exalter et de rendre honorables ceux
qui l'honorent. Or, parmi ces derniers, l'homme qui s'est fait volontairement l'abomination
de tous et comme la balayure du monde, et
qui, pour l'honneur divin de la pauvreté évan-
gélique, s'est réjoui souvent de souffrir les
affronts et les outrages, cet homme paraîtra
précisément avoir été choisi pour cette fin
sublime, si, peu d'années après sa mort, il
est déclaré par le Saint-Siège qu'il a mérité
d'être élevé du fumier sur un trône de gloire
et d'être placé sans délai entre les princes de
la cour céleste.

« Mus fortement par ces motifs, nous prions
et conjurons dans le Seigneur Vos Eminences
de faire que cette cause, déjà commencée sous
les auspices apostoliques, se termine le plus
promptement qu'il se pourra, par la sentence
apostolique. Avec nous s'unissent pour vous
en supplier les vertus sublimes du même serviteur de Dieu, qui vous sont spécialement
connues, surtout son héroïque humilité, digne
d'être spécialement honorée ; afin que plus
elle a aimé à se cacher dans une obscurité profonde et à se faire compter pour rien par tous

les hommes, plus aussi elle brille par l'empressement de Rome, la tête de l'univers chrétien,
à la couronner, et plus elle paraisse aux yeux
de tous admirable et gracieuse par son incroyable beauté, admirable et inimitable par
sa suprême perfection. Avec nous s'unissent,
pour vous en supplier, les signes, les prodiges,
les merveilles opérées dans beaucoup de villes
de provinces, de royaumes, et dont la multitude, la variété, l'éclat, qui vous est parfaitement connu, ont illustré le pauvre de Dieu,
qui a voulu glorifier d'une manière insigne,
aussitôt après une mort précieuse à ses yeux,
celui dont la vie l'avait glorifié d'une manière
insigne, par la conformité avec l'image de
son fils crucifié, Jésus-Christ, l'homme de douleurs et d'opprobres. Ainsi se vérifieront de
plus en plus ces sentences remarquables des
saintes Ecritures : « La bénédiction de Dieu
se presse de récompenser le juste ; il fut un
homme riche dans sa pauvreté, florissant dans
sont infirmité ; l'œil de Dieu l'a regardé favorablement ; il l'a relevé de sa bassesse, il a
exalté sa tête ; beaucoup s'en sont étonnés et
ont rendu leurs hommages à Dieu. »

« A mes instances se joignent les désirs des

habitants, non seulement de la Jérusalem céleste et triomphante, qui se réjouira de voir honoré d'un nouveau culte public le nouveau citoyen qu'elle a déjà reçu dans ses parvis, mais encore de la Jérusalem terrestre et militante, notre mère, qui se réjouira de voir sanctifier sur la terre le nom d'un fils si noble, déjà inscrit dans les cieux, et particulièrement les vœux des habitants de ce royaume très chrétien, qui depuis tant de siècles a bien mérité de l'Eglise romaine, et plus particulièrement encore de ce diocèse de Boulogne, qui, ennobli par la naissance de ce serviteur de Dieu, conçoit une plus grande espérance d'obtenir son intercession, et sera stimulé d'une plus grande émulation à imiter ses vertus.

« Fasse le ciel, qui a voulu que, tout indigne que j'en suis, je présidasse au diocèse depuis quarante ans et plus, que je puisse voir, avant de consommer ma course, la solennelle béatification de mon diocésain ! Alors le Seigneur congédiera son serviteur en paix, après lui avoir donné, dans sa bonne vieillesse, cette consolation singulière qui augmentera encore, s'il est possible, l'extrême affection de mon cœur envers la sainte Eglise romaine, que je fais profession d'écouter comme la mère et la maîtresse de toutes les autres, envers le très prudent et très honoré Pasteur et Père de l'univers catholique, qui fortifie la principauté supérieure de sa chaire, par l'empire encore plus puissant des vertus de sa personne, envers votre Sacrée Congrégation, qui veillant d'une manière si louable au maintien sacré des saints Rites, est digne d'être grandement honorée par tous les hommes religieux, comme un grand ornement de la religion qu'elle soutient. C'est ainsi qu'honore Vos Seigneuries, illustres et révérendissimes Seigneurs, le plus humble et le plus obéissant de vos serviteurs,

† FRANÇOIS-JOSEPH,
Evêque de Boulogne. »

En *post-scrisptum*, le noble vieillard s'excuse de n'avoir pas écrit toute la lettre de sa propre main; « ce qu'il faut pardonner, dit-il, aux infirmités de sa vieillesse. »

Les juges de Lorette, devant lesquels avaient comparu les époux Sori, plusieurs religieuses du monastère de Sainte-Claire et surtout le Père Temple, pénitencier de la basilique et confesseur du Bienheureux, dont nous avons déjà parlé, envoyèrent le procès-verbal de leurs observations à la Sacrée Congrégation, peu de temps après les juges de Boulogne. Quoique combattue, là encore, par l'hostilité du P. Blaise Piccilli et de quelques adeptes qu'il s'y était créés, la cause de notre Bienheureux sortit victorieuse de toutes les épreuves, et l'archevêque Volpi témoignait une invincible confiance dans son succès final.

Mgr Yves Alexandre de Marbeuf, évêque d'Autun, qui avait, comme celui de Boulogne, nommé une commission pour le procès de Sept-Fonds, témoignait la même confiance dans sa lettre d'envoi. « On sent encore, dit-il, en parlant de Benoît Labre, l'odeur récente des vertus dont il a parfumé notre diocèse. Plaise à Dieu qu'il soit inscrit dans les fastes des habitants du ciel, pour être l'ornement de l'Eglise et notre protecteur spécial ! »

A ces voix des évêques, que les informations mettaient plus directement en cause, s'en joignirent bientôt une foule d'autres toutes plus pressantes les unes que les autres, pour déterminer le Souverain Pontife à autoriser promptement l'introduction de la cause.

Il appartenait au clergé du diocèse de Boulogne, représenté par le chapitre de sa cathédrale, de prendre l'initiative des suppliques. Voici celle qu'il adressa directement au Pape : c'est un titre de gloire pour notre diocèse ; nous en citerons la plus grande partie :

« Très Saint-Père, ce n'est pas sans un grand sentiment de joie et d'admiration, que nous voyons répandue partout, et accueillie avec la plus haute vénération, la mémoire du serviteur de Dieu, Benoît Joseph Labre, mort à Rome, quoique sa vie ait toujours été cachée en Dieu avec Jésus-Christ. Car plus il a mis d'étude à être ignoré et compté pour rien, plus maintenant le renom de sa sainteté plus le bruit de ses miracles se propage avec éclat, court, vole de tout côté à travers les nations. De là naissent les pieuses affections envers lui, et une dévotion pleine de confiance de la part des fidèles, non seulement dans la classe plébéienne, mais encore dans celle des nobles et des savants. De là vient le concours nombreux et journalier des pèlerins, qui accourent de toutes parts à l'église d'Amettes, pour implorer son puissant appui auprès de Dieu. De là aussi, dans notre

diocèse, la présomption si forte de sa prochaine béatification que, tout récemment,
quand on abattit la maison curiale d'Erin,
pour la reconstruire ailleurs, parce qu'il
l'avait habitée durant plusieurs années de son
adolescence, la cellule, où il s'était livré à ses
pieuses lectures et à une prière continuelle
et embrasée de l'amour de Dieu, fut conservée d'après les ordres de la marquise de
Croy, dame seigneuriale du village, pour la
convertir en sanctuaire, si, comme nous
l'espérons, il est un jour permis de le faire.
C'est ainsi pareillement que dans notre église
cathédrale, parmi les chapelles nouvellement
érigées ou décorées, nous en avons réservé
une destinée à être dédiée sous son invocation,
lorsqu'il aura été inscrit, par votre autorité
pontificale, dans les fastes des Bienheureux.
Bien plus, les hérétiques eux-mêmes, venus
de la Grande-Bretagne, qui ont vu ou entendu
les merveilles du serviteur de Dieu, demandent ses images et ses reliques, quelles qu'elles
soient, les conservent religieusement près
d'eux et les ont en vénération.

« Mais combien plus librement et plus vivement ferait irruption la tendre dévotion des

enfants de l'Église, retenus jusqu'ici dans les
limites de l'obéissance ; la renommée de sa
sainteté retentirait de plus en plus, et ses vertus brilleraient d'une plus vive splendeur, si
elles s'appuyaient sur le suffrage et sur un jugement solennel du Saint-Siège apostolique ; ce
qui certainement servirait grandement à la
gloire de la vertu et à l'accroissement de la
religion catholique, surtout dans ces derniers
jours, où les hommes ne comprennent plus
les choses de Dieu, se moquent orgueilleuse-
ment de la simplicité des justes, rougissent
et ont horreur de l'abnégation et de la mortification de la croix, et, qui plus est, regardent
comme une folie la vie de ceux qui, méprisant
les affaires et les plaisirs du siècle, marchent
à la suite de Jésus-Christ pauvre, s'occupent
de Dieu seul et soupirent constamment pour
la céleste patrie. Il n'est pas douteux que notre
Benoît-Joseph, connu de tout l'univers par son
extrême pauvreté volontaire, par son héroïque
abstinence et par l'humilité la plus profonde,
qui lui a fait désirer de passer pour l'opprobre des hommes, n'ait été suscité de Dieu et
glorifié par lui après sa mort d'une manière
étonnante, pour confondre cette folle sagesse

4*

du monde et en même temps pour consoler et encourager les fidèles serviteurs de Jésus-Christ. Que votre Sainteté ne permette donc pas que cette lumière reste plus longtemps sous le boisseau ; mais qu'Elle daigne la placer sur le chandelier, pour éclairer tous ceux qui sont dans la maison, afin qu'ils voient ses bonnes œuvres et glorifient leur Père dans les cieux. »

L'exemple du chapitre de Boulogne fut bientôt suivi en France, en Italie, dans le monde entier. Sept cardinaux, soixante évêques, plus de quarante communautés adressèrent leurs suppliques avant la fin de l'année 1786, et plusieurs la réitérèrent jusqu'à trois fois. Voici comment l'évêque de Beauvais plaidait cette cause au nom, disait-il, de son peuple qu'il entendait crier de tous côtés : « Benoît Labre, né dans cette province, a respiré le même air que nous ; il est notre concitoyen : il se plaira davantage à s'occuper de nos affaires. Depuis en effet qu'a retenti le bruit de cette mort précieuse, avec quelle piété on parcourt les feuilles où sont décrits les prodiges qui font l'admiration générale, surtout dans la ville capitale du monde chrétien ! Avec quel empressement on saisit les images qui, en représentant les traits de cet homme vénérable, semblent aussi nous dire combien il est grand devant le Seigneur ! Avec quelle chaleur religieuse le prêtre et le fidèle, le prince et le sujet, le riche et le pauvre, demandent d'une voix unanime : « Quand « donc les temples résonneront-ils du nom « de Benoît-Joseph Labre ! Oh ! que nous « serions donc heureux Très-Saint-Père si, « tandis qu'une impiété sans frein serpente « de toute part, et n'omet rien pour éteindre « la lumière de la foi, que nous serions heu-« reux si, pour préserver de l'erreur et de la « ruine les âmes qui nous sont si chères, nous « pouvions leur proposer des exemples qui « les toucheraient d'autant plus vivement, « qu'ils en ont été presque les témoins « oculaires ! »

Le métropolitain de notre province ecclé-siastique, qui était alors l'archevêque de Reims, confirma les suppliques de ses suffra-gants, en y joignant la sienne, et se fit, comme il le dit, l'interprète des vœux les plus ardents de tous les ordres, tant ecclésiastiques que ci-vils de son diocèse.

Quand il eût réuni le volumineux dossier des informations et des suppliques, l'avocat Jean-Baptiste Alegiani commença son plaidoyer en faveur de l'introduction de la cause. Ce plaidoyer met surtout en relief l'étonnante renommée qu'ont acquise en si peu de temps la vie et les vertus du saint pauvre ; il trace un abrégé substantiel de sa vie, expose l'héroïcité de ses vertus, résume ses miracles constatés, au nombre de 168, et finit par le texte de toutes les suppliques qui réclament en sa faveur. Imprimé à Rome en 1787, ce premier travail compte déjà 533 pages in-4°. Ce n'était pourtant qu'un exposé sommaire, une sorte d'escarmouche, si l'on veut, et la discussion ne devait s'établir qu'après les observations du promoteur de la cause. Celles-ci parurent en 1791. L'auteur, Charles Erskine, leur donna une forme vive, violente même pour notre courtoisie française. On présume bien que le P. Piccilli en fournit les principaux arguments.

Le père Lejeune, l'auteur favori de notre Bienheureux, fut durement mis en cause ; lui même fut considéré comme un janséniste qui ne fréquentait pas les sacrements, qui menait

une vie singulière, n'écoutait personne, et fi-
nissait par mourir d'une mort qui n'était même pas chrétienne, dénué de tout secours religieux. Sa renommée posthume avait été une
affaire de coterie qui, en fin de compte, a donné
lieu à des désordres et causé plus de scandale
que d'édification.

Ce réquisitoire de 62 pages, auquel on eût
soin d'ajouter plus de cent pages d'objections
tirées surtout des dépositions du P. Piccilli,
demandait une réponse. Elle ne se fit pas attendre. L'avocat Alegiani la composa avec
une ampleur de discussion, une vigueur de
polémique et une finesse d'aperçus qui font
de cette réfutation un véritable chef-d'œuvre. Les circonstances de la mort du Bienheureux furent surtout l'objet d'une étude approfondie et pleinement victorieuse. Dans une
série d'articles aussi riches de preuves que
solides d'argumentation, le savant avocat montre que notre Bienheureux s'est préparé à la
mort avec une surabondance de ferveur, se
soutenant, debout et priant, par la force de
sa volonté, jusqu'à extinction de la vie. Sa dernière confession n'avait même pas fourni matière à l'absolution ; sa communion du lundi-

saint, faite en vue d'une mort prochaine, lui pouvait tenir lieu de viatique, surtout que sur son lit de mort il n'eût pas un quart d'heure de lucidité. Habitué qu'il était à traiter son corps avec un absolu mépris, il ne le croyait pas encore au moment de refuser le service, et se souciait peu de lui accorder des ménagements. Sa mort doit être donc considérée, au contraire, comme le terme imprévu d'une série d'actes héroïques, qui montrent l'inexprimable ardeur de sa foi et son admirable mortification.

Pour venger ensuite son illustre client de l'inculpation de jansénisme, l'avocat en appelle au témoignage toujours écouté, non pas d'un seul, mais de sept confesseurs, interrogés judiciairement et avec toute la solennité du serment. Exemple unique jusqu'à présent, dit-il, dans les annales de l'Eglise et qui, au besoin, pourrait dispenser de toute autre information.

« Enfin, s'écrie-t-il, notre adversaire prétend que le concours a été une vaine rumeur de miracles et de sainteté. J'en appelle à vous, Eminences, Ambassadeurs, Prélats, Princes,

Matrones, Grands de tout ordre, de tout âge,
de toute condition, Religieux de tous les ordres ! Qui ne rougirait de vous croire assez
crédules, assez simples, assez imprudents,
assez stupides pour vous laisser entraîner, à
peine eût expiré cette espèce d'homme de la
dernière lie du peuple, entraîner, dis-je, par
une vaine rumeur, et pour accourir en troupes, afin de le vénérer, nonobstant la fatigue
et la difficulté extrême d'obtenir l'entrée dans
l'église où repose son cadavre ? Toute la ville
a vu avec stupeur la commotion universelle
et l'irruption de la population vers ce cercueil.
Nos adversaires eux-mêmes l'ont vu et admiré.
Ils ont vu les sentinelles plus nombreuses et
plus occupées, pour contenir la foule auprès
de ce cadavre, qu'elles ne le sont à la porte
des palais souverains ! Ils ont vu et admiré
les places, les carrefours, les rues environnan-
tes couverts de vos équipages, et la circulation
interrompue dans ces passages littéralement
obstrués ! Et c'est une vaine rumeur, celle qui
attire à Rome d'innombrables étrangers
des régions les plus éloignées ! Une vaine rumeur, celle dont on est forcé d'avouer qu'il
n'y a pas un coin de l'Europe, où n'ait pénétré

la gloire du serviteur de Dieu ! Une vaine rumeur, celle qui dans le plus court espace de
temps, a rempli, je ne dis pas l'Italie et l'Europe, mais tout le monde catholique, du Nord
au Midi, de l'Orient à l'Occident, jusqu'aux
provinces les plus reculées d'un autre hémis-
phère ! Quoi de plus ! je les défie ; qu'ils
montrent une cause parmi celles où la
S. Congrégation à solennellement reconnu la
renommée de la sainteté et des miracles, qu'il
en montrent une seule qui puisse être, je ne
dis pas égalée, mais être comparée à la nôtre ! Ils ne la trouveront pas ; car il n'y a nul
exemple d'un fait aussi éclatant et prodigieux».
Il conclut à la fin en empruntant les paroles de
la Bulle de canonisation de sainte Catherine de
Gênes : « Nous n'avons donc rien à craindre
pour notre cause, lorsque la Toute-Puissance
divine témoigne, par les prodiges de sa droite,
que ce qui meurt ne périt pas pour lui, et
manifeste aux yeux des mortels quelle est
dans les cieux la gloire de cette âme, dont la
chair inanimée a été honorée sur la terre
par des effets si magnifiques des complaisances
de la divinité. »

Les espérances et les efforts de l'avocat Alégiani furent couronnés de succès, car le rapport, fait à la Congrégation des Rites par le cardinal Jean Archinto, allait conclure à l'introduction de la cause.

VII

INTRODUCTION DE LA CAUSE.

Puisque le rapport présenté à la S. Congrégation des Rites par son illustre préfet, le cardinal Jean Archinto, qui était en même temps rapporteur de la cause de notre Bienheureux, a été, par exception, rendu public, il nous est permis d'en donner une courte analyse et quelques extraits. Nos lecteurs y trouveront avec nous la solution des difficultés, plus apparentes que réelles, soulevées par le P. Piccilli, comme par le promoteur, et le jugement motivé de la plus haute autorité établie par l'Église dans ce grave débat.

« Il y a deux points extrêmes, dit-il, dont on recherche la preuve dans tous les jugements ; c'est une réputation de sainteté et de vertu continuée jusqu'à la mort et persévérant même au delà, c'est d'autre part l'absence de toute fin de non recevoir. Or ces deux conditions existent dans le cas présent, il s'y joint de plus des suppliques en grand nombre et

la dispense du délai de dix ans : rien ne s'op-
pose donc à ce qu'on obtienne la grâce demandée. »

Le rapporteur passe ensuite en revue les
procès des Ordinaires, les dépositions des témoins, surtout celles des sept confesseurs et
il constate la renommée après la mort, qui
paraîtrait presque incroyable, conclut-il, si
nous n'avions pas nous-mêmes été tous témoins de sa propagation immédiate, constante, merveilleuse.

Viennent les trois objections principales :
1º la rareté de l'usage des sacrements ; 2• l'i-
nobservance du précepte pascal ; 3º l'omission du saint viatique à la mort. A chacune
d'elles, le rapporteur répond par des témoignages précis. Il montre jusqu'à l'évidence
que le serviteur de Dieu communiait fréquemment. Ses perplexités et sa répugnance
provenaient uniquement du sentiment profond de la majesté du sacrement et de sa
propre indignité ; il communiait avec des
accès prodigieux de ferveur, qui ravissaient
les fidèles et les prêtres ; il communiait enfin
toutes les fois que ses confesseurs le lui pres-
crivaient ou le lui conseillaient.

« A mon avis, conclut le rapporteur, ce sont là les communions d'un saint et une seule de cette espèce, au dire de tous les maîtres de la vie spirituelle, vaut beaucoup plus que dix ou vingt, faites avec une préparation ordinaire. Attribuer cette conduite au jansénisme c'est lui faire trop d'honneur ; car il ne consiste pas, tant s'en faut, dans le soin de se mieux disposer à la sainte communion. »

La seconde objection qui a trait à l'inobservance du précepte pascal ne tient pas devant le plus simple raisonnement. Toute la preuve des contradicteurs consiste à dire que le Bienheureux s'éloignait, chaque année, de Rome à l'approche de Pâques et à conclure qu'il le faisait, pour ne pas remplir le devoir pascal. Ainsi, celui qui, de l'aveu de tous, menait la vie la plus pénitente, la plus fervente, la plus pure, au point que, d'après ses confesseurs, il conserva jusqu'à la mort son innocence baptismale, celui qui communiait au moins plusieurs fois l'année, à certains jours où rien ne l'y obligeait, faisait cent soixante dix milles pour ne pas accomplir cette obligation à Pâques et se charger ainsi d'un très grave péché et d'une terrible excommunication ?

Quant à la mort sans viatique et sans marques de dévotion, sur laquelle s'appuient surtout les contradicteurs, il eût fallu prouver que cette omission était volontaire, c'est-à-dire que le serviteur de Dieu connut et l'imminence de la mort qui le menaçait et la nécessité pour lui de communier en viatique. Or, aucune de ces conditions n'a été démontrée. Lorsqu'il succomba, il y avait à peine quarante huit heures qu'il avait communié et les syncopes ne l'effrayaient guère, surtout qu'il en avait souffert jusqu'à cinq. Or il n'y a pas de loi qui oblige à demander le viatique à la première syncope. « J'avoue, termine un peu durement le cardinal, que je ne trouve qu'incohérence dans une semblable objection. »

Il nous faut au moins citer dans son entier l'admirable et victorieuse conclusion du savant rapporteur :

« Venons maintenant, dit-il, à notre serviteur de Dieu, et, après avoir parlé suffisamment de sa vie et de ses vertus, voyons ce qui suivit immédiatement sa mort. Peut-être que ceux qui l'entouraient furent formalisés des prétendues omissions et commencèrent à diminuer l'estime qu'ils faisaient de lui ? Au contraire, de ce moment commença leur plus grande ferveur ; en ce moment, ils se sentirent tous émus jusqu'à l'acclamer comme un saint, et ce même religieux, qui l'avait assisté peu auparavant moribond, fut le premier à monter en chaire et à faire son panégyrique comme d'un saint. Je ne cherche pas s'il fit bien ou mal, je parle ici seulement de l'impression produite par sa mort. Une mort illustrée par des événements aussi prodigieux devra se dire un obstacle péremptoire !

« Mais déjà je pressens la réponse de quelques contradicteurs, savoir que tout cela fut fanatisme, illusion, imposture. Une telle réponse est facile ; voyons-en, pour un moment, la solidité et les conséquences. Donc il faudra imputer la tache de fanatisme, d'imposture, non à de simples femmelettes et à des individus de la vile populace, mais aux personnes de tout rang, de toute condition et de toute qualité ; aux personnages de la plus éclatante probité, science et autorité, et à Rome, et dans toutes les autres parties du monde ? Donc imposteurs et fanatiques furent

tant de corporations entières d'ecclésiastiques, tant d'évêques les plus respectables, et
nos collègues eux-mêmes, qui ont accrédité
cette renommée, cette dévotion, ces prodiges,
et qui ont écrit des lettres si pressantes et si
magnifiques au chef visible de l'Eglise, pour
recommander une cause qu'ils qualifient de
glorieuse à la religion, qu'ils disent propre
à réveiller la dévotion et la piété si refroidies
dans le cœur des fidèles, et suscitée par la
Providence pour rabattre les pernicieuses
maximes de philosophie et d'incrédulité de
ces malheureux temps ! Je laisse à vos Eminences à juger de ces conséquences.

« Je pourrais presque appliquer à ce sujet,
proportion gardée, la réponse connue et l'ar-
gument de saint Augustin contre les incrédu-
les, c'est-à-dire : ou ces faits prodigieux
subsistent au moins en partie, ou ils ne subsistent d'aucune manière. S'ils subsistent,
donc Dieu a parlé, et nous n'avons pas besoin
d'autre témoignage ; s'ils ne subsistent pas,
quel plus grand miracle que celui de la naissance, de la dilatation, de la propagation,
sans miracle aucun, d'une si grande renommée, avec estime et dévotion dans Rome,

dans l'Italie, et dans tant de lieux du monde entier, à l'égard d'un pauvre mendiant, inconnu, sans nom, sans doctrine, sans aucune des prérogatives qui peuvent fournir quelques motifs de célébrité dans ce monde ! ! Mais je ne dois pas abuser de la patience de Vos Eminences.

« Il me paraît, en tout cas, possible de conclure finalement que les deux points extrêmes, qui forment le pivot du jugement actuel de simple introduction, se trouvant démontrés, il ne peut y avoir nulle difficulté solide à la concession de la grâce demandée. C'est là mon faible sentiment. Mon devoir ensuite est de le soumettre au discernement supérieur et au jugement de Vos Eminences. »

La Sacrée Congrégation partagea, en effet, la conviction de son rapporteur et elle soumit son jugement au Souverain Pontife Pie VI, le 31 mars 1792, en ces termes :

« L'insigne renommée de la sainteté, des vertus et des miracles du serviteur de Dieu, Benoît-Joseph Labre, d'origine française, qui, après une vie très pieuse, en partie consacrée aux pèlerinages, et passée en partie dans cette illustre ville de Rome, a pris son vol vers la patrie céleste, le 16 avril 1785, s'est à ce point répandue et continue tellement à se répandre, qu'après avoir provoqué jusqu'aux extrémités du monde un pieux sentiment de dévotion à son égard et une naturelle invocation dans les différents besoins, elle en est venue, au sentiment d'un grand nombre de graves personnages, à appeler sur le serviteur de Dieu, sauf l'infaillible jugement de Votre Sainteté, les honneurs de la béatification et de la canonisation. »

La requête rappelle ensuite les suppliques nombreuses qu'à reçues le Saint-Siège, pour procéder à cette cause, les informations faites à Rome, à Boulogne, à Autun et à Lorette, les graves discussions dont la Sacrée Congrégation des Rites a été juge ; elle finit par demander au Souverain Pontife de procéder à une enquête générale et, cette fois, officielle, sur la cause, dont elle indique les différentes phases, pour arriver à la canonisation.

Cette requête fut agréée par le Pape et le résultat immédiat de cette acceptation fut de décerner au serviteur de Dieu la qualité de Vénérable, et d'inaugurer le procès apostolique.

La ville de Rome, qui avait fait des prières
nombreuses pour obtenir une réponse favorable de la Congrégation des Rites, ne manqua
pas de remercier le Ciel de l'avoir exaucée.
Sa joie se manifesta, pendant plusieurs jours,
par des fêtes populaires dont l'église N.-D.
des Monts fut surtout le théâtre, et, pendant
plusieurs nuits, le peuple alluma des feux de
joie sur la place N.-D. et sur différents autres
points de la ville. Le décret du 13 mars fut
colporté, crié et vendu à plusieurs milliers
d'exemplaires, tandis que le concours des
fidèles au tombeau du Vénérable reprenait
une nouvelle activité et que ses chambres se
remplissaient à toute heure d'une foule avide.
On présume avec quel bonheur l'Artois et le
Boulonnais auraient accueilli cette heureuse
nouvelle, s'ils n'avaient été, comme le reste de
la France, soumis au régime de la Terreur. Ce
fut du moins pour les exilés, comme pour les
rares fidèles qui le virent briller, comme un
rayon de lumière et d'espoir, au milieu des
nuages amassés sur notre pays par la tempête
révolutionnaire.

Aussitôt que le décret d'introduction de la
cause fut promulgué, l'infatigable postulateur

se hâta de demander que l'on commençat, à Rome, la procédure apostolique, sur les vertus et les miracles du Bienheureux, de peur, dit-il, que la mort ne vînt à faire disparaître des témoins importants. C'était une mesure de précaution que le zèle du P. Palma explique suffisamment; c'était aussi une concession légitime accordée à l'opinion publique impatiente. Le Souverain Pontife passa même par-dessus quelques autres formalités, pour autoriser la nomination d'une commission d'évêques chargés d'entendre d'abord les témoins qui, par vieillesse, maladie ou départ prochain, pourraient faire défaut plus tard.

Le cardinal-vicaire fut délégué pour présider le tribunal apostolique avec Mgr Jérome Volpi, pour sous-délégué, Mgr Nicolas Buschi et Mgr François-Xavier Cristiani pour assesseurs et un certain nombre d'officiers, parmi lesquels, il faut nommer le protonotaire Antoine-Marie Odescalchi.

La commission apostolique, définitivement constituée, en mai 1792, s'occupa d'abord, sur ordre du Pape, de la réputation de sainteté du Bienheureux. Cette première procédure fut menée avec une certaine activité et, dans le courant de 1793, la même commission put s'occuper des vertus et des miracles, en général, du vénérable serviteur de Dieu. Neuf témoins, dont trois d'office, furent entendus ; après trente-six séances, les juges remirent au cardinal-vicaire la copie authentique de leurs procès-verbaux. Quand la Sacrée Congrégation eût discuté et rendu une sentence favorable, qui fut sanctionnée par le Souverain Pontife, on était au 19 février 1794.

L'infatigable Palma se hâta alors de faire procéder aux procès apostoliques spéciaux. Ces procès étaient impossibles en France, à Autun comme à Boulogne, où la Révolution avait tout bouleversé ; Palma n'en abandonna pas pour cela la cause de son illustre client, il fit ouvrir au plus tôt la procédure à Lorette. L'administrateur du diocèse de Lorette, Mgr Dominique Spinucci, reçut des instructions très précises à ce sujet et trois années lui furent données pour procéder à une nouvelle enquête et à toutes les formalités que réclamait le procès apostolique.

Le postulateur, accompagné du sous-promoteur Louis Gardellini, se transporta même de sa personne à Lorette, pour stimuler le zèle des juges. De nouveau, on vit comparaître les amis de notre Bienheureux et surtout le Père Temple, le témoin le plus instruit des secrets de son saint pénitent. De son côté, le sous promoteur Gardellini suivait les phases du procès, avec une sollicitude intelligente, et constatait, le 4 novembre 1794, dans une lettre à son chef, le promoteur Charles Erskine, que chacun y remplissait son devoir avec exactitude et diligence et que tous les témoins étaient de bonne renommée et d'honnête condition.

Pendant que le procès de Lorette s'instruisait ainsi, dans les derniers mois de l'année 1794, Rome restait toujours le théâtre de l'action principale. Depuis la fin de mars 1792, les témoins comparaissaient successivement, en commençant, comme nous l'avons dit, par les vieillards. On entendit successivement François Zaccarelli, âgé de 71 ans, qui mourut peu de temps après sa déposition, et les abbés Gabini, Fraja et Mélis. Ces deux derniers n'avaient pas moins de 84 ou 85 ans. Divers incidents, notamment la mort du cardinal-vicaire Colonna, remplirent l'année 1793 ; l'audition des témoins de Rome reprit en 1794 et ne fut terminée qu'au mois de juin 1796 : quatre-vingt témoins avaient comparu, durant ces quatre années, entre autres Marconi et Piccilli, dont nous avons parlé, et dont les nouveaux témoignages ne différèrent guère de leurs premières dépositions. Le P. Piccilli persévérait dans son ancienne hostilité, et laissait mieux voir la vanité prétentieuse qui en était la source; mais l'unanimité des autres témoignages, l'admiration constante, la dévotion persévérante qu'on ne pouvait plus, après douze ans, attribuer à un enthousiasme passager, de nouveaux miracles surtout, triomphèrent absolument de cette malencontreuse prévention.

Quand l'audition des témoins fut terminée, les juges ordonnèrent la visite du tombeau et la récognition du corps. Le nouveau cardinal-vicaire, Jules-Marie della Somaglia, voulut y présider lui-même, et, le 8 juillet 1796, se rendit avec tout le tribunal, deux médecins, deux chirurgiens et les ouvriers nécessaires, tous assermentés, dans l'église de N.-D. des Monts, où furent entendus trois habitants du couvent sur l'emplacement et l'intégrité du sépulcre. On enlève par ordre la pierre

tumulaire, on démolit la voûte murée qui la
soutenait, on en retire le double cercueil, on
reconnaît sur le second les sceaux du vicariat,
on l'ouvre et l'on en extrait le corps, après
avoir fulminé l'excommunication contre quiconque en détacherait la moindre parcelle.
Alors les hommes de l'art l'examinent, en
font la description, replacent les ossements
systématiquement dans une nouvelle bière
de cyprès, sur un nouveau suaire avec tube
renfermant l'acte de récognition sur parchemin. Les scellés y sont apposés de nouveau
et on la renferme dans une plus grande, avec
deux autres cassettes également scelées, contenant, l'une les restes de la chair consumée,
et l'autre ceux des vêtements réduits presque
en poussière, moins la ceinture. Ces caisses
ainsi disposées, sont replacées dans la même
fosse, qui est incontinent recouverte d'une
nouvelle voûte et de la même pierre sépul-
crale. Les débris des premières caisses sont
ensuite consignés au postulateur, avec défense
d'en rien distribuer, sous aucun prétexte,
même de dévotion.

Le 11 juillet, une nouvelle séance fut
tenue pour recevoir le rapport séparé des

quatre experts, qui constataient uniformément que toutes les parties molles avaient disparu, que les petits os étaient réduits en poussière ou en pâte, mais que les principaux, surtout la boîte cérébrale, étaient restés consistants et qu'enfin, malgré cet état de dissolution avancée, les restes du cadavre ne donnaient aucune odeur ni bonne ni mauvaise.

Dans la même séance, le postulateur demanda la publication du procès, qui fut ordonnée par décret des juges, et l'on reçut le serment des écrivains chargés de la transcription : ces écrivains étaient au nombre de dix, et le procès-verbal compte 3,979 pages grand in-quarto. Le travail ainsi divisé put être achevé dans le restant du mois. Mais la collation de la copie avec l'original, commencée le 2 août, ne nécessita pas moins de cinquante-cinq séances de plusieurs heures chacune, dont la dernière eût lieu le 17 septembre. Le 19 fut rendu le décret de confrontation et de validité de la copie. Enfin, le lendemain 20, on tint la séance de clôture par devant le cardinal-vicaire, pour la ratification des formalités, la signature et la consignation de la

minute aux archives du vicariat. Il y avait eu
en tout 363 séances.

Le cardinal vicaire, à cette même date du
20 septembre, transmit le volumineux dossier
à la Sacrée Congrégation en l'accompagnant
de la lettre suivante : « L'enquête que vous
avez ordonnée, par deux décrets, sur les vertus
et les miracles en particulier du vénérable
serviteur de Dieu Benoît-Joseph Labre est
maintenant une chose accomplie. J'adresse à
Vos Eminences la copie du procès-verbal
d'enquête apostolique; quoique les juges
délégués attestent que tout s'est fait selon
les règles prescrites, néanmoins il appar-
tiendra à Vos Eminences de discerner, par un
jugement plus sûr, soit la validité, soit l'importance de cette enquête, et, quand il en
sera temps, j'y joindrai mon suffrage dont je
m'abstiens pour le présent.

Jules-Marie, card. de Somaglia. »

Une fois les procès-verbaux de l'enquête
apostolique déposés aux archives de la Sacrée
Congrégation des Rites, il suffisait d'une
autorisation du Souverain Pontife pour les
ouvrir, d'une commission pour les examiner,

4

en tirer des extraits et un sommaire pour l'impression, d'une dispense des cinquante années depuis la mort, exigée par Urbain VIII, pour que la discussion commençat et amenât, si elle était victorieuse, le décret des vertus, puis celui des miracles, et enfin, après les assemblées préparatoires, le décret de Béatification ; — c'était déjà le terme béni qu'entrevoyait le postulateur Palma, comme la suprême récompense de ses efforts, et le couronnement de sa laborieuse vie. Dieu ne lui accorda point cette faveur. L'heure de la persécution sonna pour l'Église de Rome, comme elle avait sonné pour l'Église de France, et un demi-siècle va s'écouler, au milieu des vicissitudes de toutes sortes, avant que nous n'arrivions au terme de cette procédure. Nous y admirerons toutefois davantage la sainte tenacité avec laquelle l'Église poursuit son travail et s'occupe des œuvres du Ciel, lorsqu'il semble que celles de la terre doivent absorber toute son attention.

Pendant que l'orage révolutionnaire secouait de nouveau, et sans plus de succès que les autres orages, la barque de Saint-Pierre, et que la procédure de notre Bien-

heureux subissait un temps d'arrêt nécessaire, la mort enlevait successivement le
cardinal Archinto, rapporteur de la cause,
l'abbé Marconi et le P. Palma. Le nouveau
rapporteur, qui n'était autre que le cardinal
Somaglia lui-même, crut que deux postulateurs étaient nécessaires pour remplacer le P.
Palma ; il appela à cette charge le recteur du
collège des cathécumènes, Philippe Colonna
et un bénéficier de Saint-Jean de Latran,
François Pacini. On pouvait espérer, avec
ces nouveaux ouvriers et la paix aussi rendue
à l'Église, une reprise du procès, mais la
mort de trois papes et celle de trois cardinaux
rapporteurs amenèrent de nouveaux retards,
accrus ensuite par la diminution des dons et
des aumônes, que le malheur des temps
explique trop. C'est ainsi que nous arrivons
en 1828, avant de voir la question d'héroïcité
des vertus se présenter définitivement devant
la Congrégation des Rites.

Aucun tribunal de la terre, nous l'avons
dit déjà, aussi graves que soient les questions
portées à sa barre, ne saurait nous donner
une idée de la sollicitude d'inquisition, de la
liberté et de la largeur de discussion, de la

prudence, de la gravité de décision avec lesquelles la Sacrée Congrégation des Rites procède dans les procès des saints. Ne nous
étonnons donc pas des longueurs nouvelles
que subira une cause, pourtant élaborée de
longue main, et soumise en fin à l'arbitrage du
tribunal suprême. On prit d'abord connaissance du plaidoyer de Louis Alegiani, qui remplit
soixante-huit pages in-folio, des animadversions du promoteur Vincent Pescatelli, et des
répliques de l'avocat Hyacinthe Amici, qui n'en
a pas moins de trois cents. Il ne s'agissait
pourtant encore que de la réputation de sainteté du Bienheureux et de l'héroïcité de ses
vertus.

Le promoteur, tout en rendant justice à ces
vertus, ne manqua pas d'en atténuer l'éclat
et de réchauffer contre elles toutes les objections que nous avons vues, ce que l'avocat
Amici réfuta pied à pied et avec une force de
logique qui ne laisse rien à désirer.

Voici l'épilogue de cette longue et victorieuse réfutation :

« Par toutes les preuves que nous avons
accumulées, on voit ici l'accomplissement de
cet orale de la sagesse, que « Dieu a mani-

festé l'imposture de ceux qui ont calomnié le juste ». Car, au flambeau des actes du procès et par la voix concordante de cent soixante témoins, la plupart illustres par leur foi, par leur caractère, par leur doctrine, Dieu a convaincu de mensonge ceux qui ont balbutié qu'il ne constait pas de sa sainteté ;... ceux qui l'ont accusé d'inconstance, comme s'il était sorti de divers monastères par sa propre volonté...; ceux qui l'ont incriminé d'avoir entrepris ses pèlerinages par caprice et pour vivre plus librement à sa fantaisie...; ceux qui ont publié à son de trompe qu'il n'avait jamais eu de directeur stable, pour ne pas être contrarié dans le genre de vie qui lui plaisait...; ceux qui ont imaginé que le vénérable serviteur de Dieu s'approchait rarement des sacrements, par une répugnance suspecte d'un rigorisme hérétique...: ceux qui ont répandu la calomnie que le vénérable Benoît ne satisfaisait point constamment au devoir pascal...; ceux qui l'ont représenté comme infecté des erreurs damnables du jansénisme, ou d'autres erreurs non moins damnables que contradictoires aux premières...; ceux qui ont fait sonner bien haut l'omission du saint Viatique à l'heure de sa mort, comme l'effet d'une volonté ou tout au moins d'une négligence coupable.. ; ceux qui, voulant bien lui accorder une vertu commune et ordinaire, se retranchaient à lui refuser le caractère d'héroïsme, pour lequel il suffirait, sans le secours d'autres traits qui surabondent, de la conservation de l'innocence baptismale, qui est le point culminant de la sainteté et dont il conste dans Benoît, autant au moins que dans ceux des saints en qui l'Église l'a reconnue.

Il ne reste donc, puisque notre censeur avoue que le vénérable Benoît-Joseph Labre à suivi héroïquement les voies de la pénitence, et que, d'autre part, nous avons reconnu qu'il a conservé jusqu'à la fin l'innocence du baptême, il ne reste, dis-je, qu'à lui appliquer ce que le vénérable Bellarmin affirma de S. Louis de Gonzague, au rapport de Benoit XIV, savoir : que tous les saints sont regardés pour tels ou à cause de leur innocence, ou à cause de leur pénitence ; mais que le B. Louis (disons le V. Benoît-Joseph Labre) peut être béatifié à cause de l'une et de l'autre, à la ressemblance de Jean-Baptiste. »

Le cardinal rapporteur admit ces conclu-
sions de l'éloquent avocat, et la Sacrée Congrégation les sanctionna par son vote. Il y eût
même une première séance préparatoire où
l'héroïcité des vertus fut reconnue, mais la
mort de Léon XII en 1829, celle de Pie VIII
en 1830, celle de l'éminent rapporteur della
Somaglia, retardèrent la seconde séance préparatoire jusqu'au 22 mars 1836.

Le nouveau cardinal rapporteur, Charles
Odescalchi, nommé par Grégoire XVI, paraissait avoir pris à cœur la cause de son illustre
client et vouloir la mener à terme rapidement,
lorsqu'au lieu de travailler à faire des saints,
dit le Père Desnoyers, il voulut travailler à se
faire saint lui-même, abdiqua la pourpre, et
entra dans la compagnie de Jésus.

Son successeur, le cardinal della Porta, recueillit courageusement l'héritage du saint
religieux et prépara activement la séance plé-
nière du 3 août 1841, dans laquelle le pape
lui-même présida. Après avoir entendu les
savantes discussions des avocats et du promoteur, Grégoire XVI, à qui appartenait la sentence définitive, employa dix mois entiers, à
étudier, à réfléchir et à prier ; enfin le diman-

che de la Trinité, 22 mai 1842, il promulgua le décret qui proclama l'héroïcité des vertus du vénérable Benoît-Joseph Labre, après avoir nommé pour rapporteur le cardinal-vicaire Constantin Patrizi.

Cet acte important, qui consacra solennellement, par la voix même du vicaire de Jésus-Christ, les vertus de notre Bienheureux, renferme d'abord le sommaire de sa vie, le récit de sa mort, les hommages dont il fut l'objet, l'historique de son procès, jusqu'au mois d'août 1841. Cependant, continue-t-il, après avoir prêté à toutes ces questions l'attention la plus scrupuleuse, N. S.-P. le Pape jugea qu'il fallait attendre encore ; il faillait implorer encore le secours d'En-Haut, il fallait en obtenir de nouvelles lumières. Après avoir longtemps pesé cette grave affaire, multiplié surtout les prières, pendant le temps de la Pentecôte, c'est aujourd'hui, dimanche de la Trinité, que Sa Sainteté résolut d'ouvrir son âme. C'est pourquoi, ayant célébré les saints mystères, Elle fit appeler au Vatican le cardinal Charles-Marie Pedicini, préfet de la Sacrée Congrégation des Rites, le cardinal-vicaire Patrizi, rapporteur, le R. P. Frattini, promoteur de la Foi, et le secrétaire Fatati, et leur déclara selon la forme reçue :

« QUE LE VÉNÉRABLE BENOÎT-JOSEPH LABRE AVAIT ÉVIDEMMENT PRATIQUÉ LES VERTUS THÉOLOGALES ET LES CARDINALES AU DEGRÉ HÉROÏQUE. »

———————

VIII

LES VERTUS DU BIENHEUREUX.

Le moment paraît venu, avant de continuer notre étude sur les nouvelles formalités de cette longue procédure, de nous arrêter un instant à contempler, à admirer, et, s'il se peut, à imiter de loin, ces héroïques vertus qui ont si bien mérité les éloges de l'Eglise.

Après avoir comparé les héros du paganisme avec les nôtres et montré que c'est dans l'empire de la religion que se trouve le véritable héroïsme, voici comment Benoît XIV le caractérise : «Des obstacles puissants à surmonter, des ennemis redoutables à vaincre, des violences continuelles à se faire à soi-même; voilà l'objet du courage des saints. Des entreprises vastes, des desseins importants, des travaux rudes et constants; voilà celui de leur zèle. Des sacrifices amers à la nature, des épreuves rigoureuses, de longs supplices; voilà la matière de leur pénitence. Un goût sensible pour la prière, des effusions fréquentes d'un

cœur embrasé d'amour, des transports d'une
âme affamée de la justice, des efforts soutenus
pour atteindre au comble de la perfection
chrétienne ; voilà l'exercice continuel de leur
piété.» — D'après ces principes, l'Eglise romaine veut qu'on justifie l'excellence héroïque
des vertus pratiquées par ceux qu'on lui propose pour êtres inscrits dans les diptyques
sacrés. Ce n'est pas assez pour elle qu'on lui
montre quelques œuvres éclatantes, ou certaines vertus portées même à la plus haute perfection. La sainteté doit être entière, progres-
sive, persévérante, telle qu'elle défie toute
réserve et emporte tout suffrage.

Telle fut la sainteté de notre Bienheureux,
et, pour en analyser les éléments, nous sui-
vrons l'Eglise, qui examine d'abord les vertus
théologales et ensuite les vertus cardinales.

§ I. — Sa Foi.

Si la nature a mis dans nos cœurs un germe
d'inclinations précieuses qui nous sollicitent
au bien, et que la raison peut développer et
rendre fécondes, on sait que seule la religion
les purifie, les ennoblit, les porte au comble.

Les vertus théologales surtout sont du domaine spécial de la révélation, soit qu'on les-considère dans leur source qui est le Saint-Esprit, dans leur objet qui est la vérité et la bonté suprêmes, dans leur effet qui est de nous unir à Dieu. Ces vertus réunies sont le fondement des mérites et le principe des bonnes œuvres, mais c'est surtout à la Foi qu'est attribué d'ordinaire cet inappréciable bienfait. C'est elle qui soumet tous les chrétiens au joug béni de l'Eglise, éclaire les esprits des lumières divines, ouvre pour l'avenir les trésors inestimables du ciel. Mais ce n'est pas assez d'être au nombre des enfant de l'Eglise, pour mériter une place parmi les saints qu'elle honore. S'il faut que la Foi toujours agissante opère de grandes choses, même dans les justes ordinaires, par quelles actions héroïques ne doit-elle pas éclater, dans ceux à qui la religion rend les hommages du culte public ? Dans les martyrs, elle triomphe au milieu des tortures ; dans les hommes apostoliques, elle éclate par l'ardeur du zèle le plus infatigable, par les succès des travaux les plus longs et les plus pénibles, par le mépris généreux des plus grands dangers. Mais

pour se distinguer, elle n'a pas toujours besoin
des combats de la persécution, ou des devoirs
de la sollicitude pastorale. Jusque dans les
derniers rangs de la hiérarchie ecclésiastique, on reconnaît ses héros à leur obéissance inviolable aux puissances de l'Eglise, à leur indignation contre les corrup-
teurs de la saine doctrine, à leur atten-
drissement sur les maux dont le christianisme est affligé, par les attentats du liberti-
nage et de l'impiété, à la joie qui les trans-
porte, quand la religion catholique fait de
nouvelles conquêtes, enfin, à leur persuasion
intime des dogmes sacrés qui leur fait pré-
férer publiquement les vérités saintes à toute
connaissance humaine.

Ces traits, réunis avec la soif de la justice,
caractérisent une foi dont la source est divine
et dont les effets sont dignes de nous servir
d'exemple.

Voyons maintenant quelle fut la Foi de notre
Bienheureux et par quels traits multiples elle
mérita la qualité d'héroïque.

Benoît-Joseph Labre avait l'inappréciable
bonheur d'appartenir à une famille profondément chrétienne ; il y avait sucé, avec le lait

maternel, les principes de la Foi catholique et entendu professer la plus absolue soumission à l'autorité de l'Eglise. Ce fut l'heureux début de sa sainteté. Il eût à ce point l'amour de la vérité religieuse que, tout enfant, il s'éloignait instinctivement des personnes qui lui paraissaient étrangères à l'Evangile, et que plus tard, dans ses pélerinages, il faisait de longs détours, à travers les montagnes, pour éviter les contrées infectées d'hérésie. Si parfois il ne pouvait les éviter, c'est en courant qu'il les traversait, comme si cette terre lui eût brulé les pieds. Sa charité pourtant l'inclinait à prier assidûment pour ceux qu'il appelait « les hérétistes », et il ne négligeait aucune des indulgences qui leur étaient applicables. C'est qu'il ressentait vivement le bonheur d'appartenir à l'Eglise catholique, et il ne manqua pas un seul jour d'en marquer sa reconnaissance.

Rome, la ville qui l'attira et le retint, malgré sa vocation de pélerin, était pour lui « la Sainte » et le Pape était le « vice-Dieu », dont il ne prononçait jamais le nom sans incliner la tête. Les évêques et les plus humbles prêtres participaient à son respect religieux ; il se levait et se tenait découvert en leur présence, ne les accompagnait qu'avec réserve et en marchant derrière eux, les quittait en leur baisant la main avec une gracieuse révérence. Les autorités civiles elles aussi, quelles qu'elles fussent, avaient leur part dans ses hommages et dans ses prières, et l'on n'entendit jamais sortir de sa bouche un mot irrévérencieux à leur égard, tant le principe d'autorité s'était imposé à lui comme une représentation de Dieu.

Comme la Foi se nourrit et s'accroît en entendant la parole de Dieu, notre Bienheureux était saintement affamé de ce divin aliment. L'Ecriture Sainte qu'il lisait assidûment et des livres de piété choisis avec soin, sur le conseil de ses directeurs, ne lui suffisaient point ; on le voyait littéralement courir tous les sermons de la ville éternelle. Catéchismes de Carême, sermons du jeudi et du samedi, stations, missions, retraites, il était partout assidu et partout admirablement attentif à recueillir une parole, qu'il recevait comme de la bouche de Dieu même, sous quelque forme qu'elle se présentât.

La prière, une prière continue, vivante, formelle, était la deuxième source où s'alimen-

tait cette admirable foi. Le *Credo* était une de
ses formules favorites, et quand il le récitait,
racontent ses témoins, il semblait voir Dieu
des yeux du corps, tant il montrait de conviction, de respect, se courbant quelquefois in-
sensiblement, jusqu'à toucher de son front le
pavé de l'église. Du reste, sa tenue dans le
lieu saint fut toujours accompagnée d'une vénération profonde et d'un imperturbable recueillement. Elle en imposait même à ceux qui
étaient tentés de s'oublier, et il suffisait souvent d'un regard de ce pauvre pour arrêter les
rires et faire cesser les conversations. Il répondait, par un signe de tête, à ceux qui lui
adressaient la parole, pour quelque motif légitime, et recevait ordinairement, sans rien dire,
les aumônes qu'on lui donnait.

Grâce à une foi si vive, si tendre, si bien
nourrie, notre Bienheureux vivait perpétuellement de la vie surnaturelle, à ce point que,
de l'aveu de ses confesseurs, surtout de l'abbé
Marconi, il ne tarda pas à s'élever au-dessus
des sens, pour percevoir, d'une manière plus
directe, les rayons de la lumière céleste.
Quand il avait lu quelque passage des psaumes, au moment où, selon son habitude,

il se recueillait pour méditer, l'esprit du Seigneur le saisissait souvent, l'élevait doucement, le faisait entrer en extase. Parfois c'était subitement, au début même de son oraison, qu'il entrait dans cette douce quiétude du ravissement, qui suspendait toute action des sens. On le voyait alors, racontent les témoins, relever peu à peu la tête, la tourner vers le ciel, se redresser d'une façon si extraordinaire que, sans être ni debout ni à genoux, il paraissait soutenu seulement par une force contraire à toutes les lois de l'équilibre. Quelques-uns de ceux qui le voyaient ainsi pour la première fois, le buste arqué et la tête projetée en arrière, accouraient même pour le soutenir, persuadés qu'il allait tomber : lui revenait doucement à la réalité et reprenait sa posture favorite, la tête baissée et les mains croisées sur la poitrine.

On remarqua que ces extases arrivaient surtout quand les églises étaient désertes et le Saint Sacrement exposé : la madone des Monts exerçait aussi sur lui cette merveilleuse attraction ; toutefois, il est peu d'églises où l'on n'ait eu l'heureuse fortune de l'observer. Sur la fin de sa vie, à mesure qu'il croissait en perfection et que ses forces diminuaient, les divins accès devenaient plus fréquents et plus longs. C'est ce que remarqua surtout notre compatriote, la demoiselle Bombled, qui suivait, avec un si touchant intérêt, les progrès spirituels de notre Bienheureux.

« L'union de Benoît avec son Dieu dans ces extases était telle que c'était, dit-elle, une chose admirable à voir. Quelquefois il tenait la tête baissée ; mais plus souvent il élevait la tête, de manière que son cou s'allongeait et semblait vouloir se détacher de son corps qui s'éloigait tellement de la balustrade, quoiqu'il fut agenouillé sur la marche, et se penchait tellement en arrière, qu'il paraissait prêt à se renverser et à tomber. Tandis qu'il était dans cette posture, quelquefois ses yeux se fermaient, mais plus souvent ils étaient tournés vers le ciel ou vers le Saint-Sacrement, et fixes comme s'il eût regardé attentivement quelqu'objet qui le frappait. Souvent, cela durait un quart d'heure et plus, et quand il revenait à lui peu à peu, sa tête s'abaissait en se rapprochant de la balustrade, sur laquelle sa poitrine venait s'appuyer en descendant. Puis il rentrait dans son assiette, jetait souvent un regard autour de lui et reprenait son livre. »

Quelque soin que prit notre Bienheureux de dissimuler les célestes faveurs dont il était l'objet, les témoins en furent nombreux et les dépositions, sur ce point, sont aussi riches que péremptoires. A la Minerve, à Saint-Ignace, où il se croyait plus seul, le pauvre extatique n'en était que plus surveillé et le professeur Arbusti raconte que ce spectacle édifiant lui faisait même parfois oublier l'heure de sa classe. Le grave Marconi et le P. Temple, après avoir étudié la question de près, se rangent absolument à l'avis des autres témoins. L'abbé Brizi fit même un jour l'expérience d'une extase, en se mettant à genoux à la place de Benoît, en face de la balustrade de N.-D. des Monts : mais il eût beau lever la tête et les genoux, chercher un point d'appui sur la balustrade, se soutenir des deux mains, il arriva tout simplement à se convaincre que le serviteur de Dieu ne pouvait se tenir ainsi par les seuls moyens naturels.

Il n'est pas étonnant, dès lors, que notre Bienheureux, au sortir de ses extases, parut comme transfiguré. Son visage, habituellement pâle et amaigri par les macérations, s'animait de couleurs inconnues : un ecclésiastique, D. Louis Pompéi, qui le vit en adoration dans la chapelle Borghèse, à Sainte-Marie-Majeure, devant le Saint-Sacrement exposé, raconte même que ce visage lançait des rayons et des étincelles de feu, qui semblaient ruisseler de sa tête sur le pavé. Toutefois cette splendeur s'éteignait subitement et le pauvre ne tardait pas à reparaître dans son état ordinaire.

Ce ne fut pas la seule prérogative merveilleuse dont fut gratifié notre Bienheureux : une des plus remarquables fut la pénétration des cœurs et certaines prévisions de l'avenir que l'abbé Marconi ne craint pas de qualifier de dons de prophétie.

Ses regards portaient avec eux quelque chose de si extraordinaire, qu'ils dénoncèrent souvent par avance les desseins secrets des personnes sur lesquelles ils s'arrêtaient. C'est ainsi qu'il remerciait d'un sourire Barbe Fracassi, de la chemise neuve qu'elle lui préparait, sans en avoir parlé à personne ; c'est encore ainsi que, lisant du premier coup dans le cœur d'une personne qu'il connaissait à peine et qui était extrêmement agitée par des tentations incessantes : « Ma fille, lui dit-il, vous êtes agitée et molestée par les tentations que vous savez ; la crainte excessive d'y succomber vous importune, mais prenez courage, parce que Dieu n'abandonne pas ceux qui espèrent en lui et ne laisse pas tomber ceux qui s'appuient sur lui : allez à tel confesseur, il vous délivrera de votre angoisse. » On raconte encore que souvent, il suffit d'un de ces regards fixes et pénétrants, si contraires à ses habitudes, pour faire rentrer des pécheurs en eux-mêmes, et les déterminer à se convertir. Nous ne ferons qu'indiquer le phénomène, pourtant bien extraordinaire, de la bilocation observé chez lui à maintes reprises, par lequel Dieu lui permettait de prolonger son adoration devant le Saint-Sacrement jusqu'à minuit, tandis que le custode de l'hospice, qui lui donnait asile, admirait l'exactitude scrupuleuse avec laquelle il rentrait au logis, trois quarts d'heure seulement après l'*Ave Maria*. Mais nos lecteurs seront plus curieux encore, sans doute, de connaître les visions du Bienheureux relatives aux destinées de la France.

Ce n'est point d'aujourd'hui que les hommes de foi cherchent, dans les paroles ou les écrits des saints, quelque rayon de lumière qui les éclaire sur l'avenir, au milieu des ténèbres du présent. Dès l'année 1791, M. l'abbé Psalmon, supérieur du séminaire de Laon, à Paris, qui avait parmi ses élèves les deux frères du Bienheureux, avait écrit à l'abbé Marconi, pour savoir de lui si le Bienheureux Labre avait prédit quelque chose qui pût au moins laisser entrevoir la fin des malheurs de la France. L'ancien confesseur du serviteur de Dieu se crut obligé à une grande réserve et sa réponse est très vague. Sous une forme toute biblique, elle n'en laisse pas moins entendre que, d'après le Bienheureux, de grands malheurs doivent fondre sur la France et peut-être même sur l'Europe entière. Puisse-t-il en advenir des prophéties du serviteur de Dieu, dit-il, comme de celles de Jonas qui n'ont plus eu d'effet grâce à la conversion des Ninivites !

Quelques années plus tard, quand il eût la triste conviction que la persécution était déchaînée sur la France, l'abbé Marconi ne se crut plus tenu à la même réserve. Voici la partie de sa déposition qui se rapporte à cette intéressante question :

« Benoît, dit-il, m'a encore parlé d'autres visions qu'il avait, mais toujours pour s'en accuser comme de tentations. Ainsi, il m'a exposé qu'il voyait en feu, tantôt un lieu, tantôt un autre, de ceux où il avait passé dans ses voyages en France. Il me vint en pensée de lui demander le nom de ces lieux : mais, pour ne pas donner aliment et importance trop grande à ce qu'il me présentait comme des tentations, je me contentai de lui répondre qu'il n'y pensât point, et qu'il n'y avait rien de sa faute, dans ces suggestions où représentations. Alors, certainement, je ne comprenais pas très bien ce qu'il me racontait : mais la suite a bien prouvé qu'au lieu de tentations, c'étaient des illustrations divines représentant à son esprit l'avenir, sous la forme d'incendies qui consumaient tantôt un lieu, tantôt un autre. En somme, il usait de termes par lesquels j'ai compris ensuite, qu'il ne prévoyait que trop l'horrible bouleversement que nous déplorons en ce moment. Je dois ajouter que plus d'une fois, il m'exposa qu'il voyait moi et le Saint-Sacrement, comme couverts d'immondices, et en le disant, les larmes lui coulaient des yeux. Il me répéta encore ces paroles dans sa dernière confession, et il terminait toujours en disant que la pénitence seule pouvait désarmer la colère de Dieu.

« J'avoue que la première partie me troubla d'abord, en pensant que peut-être il voyait dans mon âme quelque tache que je ne connaissais pas, mais comme il associait constamment le Saint-Sacrement dans l'idée de ce qui me menaçait, je réfléchis qu'il fallait prendre cette prévision dans un sens tout différent. Il ne me vint jamais à la pensée de l'inviter à s'expliquer plus clairement, et il me suffisait de lui dire qu'il ne fît pas attention à ces choses et qu'il vécût tranquille à cet égard. Comme la proposition était fort obscure et qu'elle aurait pu être prise en mauvaise part, dans le public, je crus inutile et imprudent de la rapporter dans mon premier examen, en 1783 ; mais maintenant (1795) j'ai cru de mon devoir de tout raconter, parceque la prédiction s'est vérifiée dans le royaume de France, où il s'est commis des profanations telles, qu'on peut regarder comme accompli, dans le sens même littéral et physique; ce que le Vénérable m'avait présenté tant de fois sous le nom d'immondices.

« Quant à l'autre partie qui me concerne jusqu'à présent, je ne saurais comment l'interpréter : mais il me semble que je ne m'éloignerais pas beaucoup de la vérité, si le vous dont usait le Vénérable se prenait, non comme personnel, mais bien comme qualificatif, de sorte qu'il aurait voulu parler, non de ma personne en particulier, mais en général des prêtres qu'il voyait couverts de souillures, pour signifier ce qui arriverait en France, dans l'ordre sacerdotal, soit au physique, soit au moral. Car nous ne savons que trop que, parmi les ministres sacrés, quelques-uns ont dévié du droit sentier, et que beaucoup d'autres, qui ont été constants et fidèles, sont maltraités, insultés et mis à mort. Je puis me tromper ; mais je ne doute nullement que la proposition de Benoît, si souvent répétée avec effusion de larmes, ne doive être prise pour une prophétie, et après tant de grâces, de dons et de miracles, connus et opérés après sa mort, il n'est personne qui ne fasse grand cas de ces prédictions. »

Les tristes prévisions de notre Bienheureux remontent à un siècle, il est vrai, et l'on peut croire qu'elles s'appliquaient particulièrement à la grande épreuve de la première Révolution française ; ne pouvons-nous pas toutefois en tirer notre profit, au milieu des sinistres inquiétudes de l'heure actuelle ? Si Benoît Labre voyait le monde entier en combustion, l'avenir plein de carnages, de massacres et de désordres, surtout relativement à la religion et aux personnes consacrées à Dieu, pouvons-nous nous rendre ce témoignage que nous avons épuisé, par nos expiations, la coupe de la suprême justice ?

Quand l'abbé Marconi eût la connaissance des révélations de notre Bienheureux, relativement aux malheurs qui menaçaient la France et l'Europe, sur le conseil du docteur du Pino, il en fit part aux cardinaux Boschi et Borromée. Dès l'année même de la mort du nouveau prophète, 1783, le peuple romain fut appelé solennellement à la pénitence, comme celui de Ninive, par des missions extraordinaires, données sur les principales places de la ville sainte, afin de prévenir ces fléaux.

Et lorsque la Révolution eût éclaté en France, beaucoup de pieux Romains adressèrent au Bienheureux cette prière : « Bienheureux Benoît-Joseph, vous qui étiez Français, priez Dieu pour votre patrie, afin qu'il mette un terme à ses malheurs. » — S'il ne nous appartient pas de réclamer des missions expiatrices, n'est-ce pas le cas de solliciter, au moins d'une manière plus pressante, l'intervention de notre Bienheureux, en faveur des Français qui sont toujours ses compatriotes, et surtout de notre diocèse, qui s'honore de lui avoir donné naissance, et qui réclame sa plus particulière intercession ?

§ II. — *Son Espérance.*

L'Espérance est fille de la Foi, dit St-Paul, puisque c'est elle qui donne du corps aux choses invisibles et les rend aptes à être espérées et désirées. Dieu l'a donnée au chrétien, pour le consoler pendant les jours de son exil, en l'introduisant, comme par avance, dans le séjour du bonheur. C'est pour cela que les

cœurs vraiment fidèles, soupirant sans cesse
après cette récompense, s'efforcent de la mériter, en faisant fructifier toutes les grâces
qu'ils obtiennent. «Mais l'espérance des Saints,
dit excellement Benoit XIV, est encore plus
généreuse. Elle avilit, elle efface, elle anéantit
à leurs yeux tout ce qui n'est pas le salut.
Elle franchit tous les obstacles, elle affronte
tous les périls, elle oublie tous les besoins,
elle embrasse toutes les souffrances et voit
venir la mort avec joie. Un dépouillement, une
patience, une résignation héroïque sont les
effets qui l'annoncent et qui ravissent d'une
juste admiration. »

Or c'est cette espérance-là, aussi merveilleux qu'en soit l'idéal, que l'on trouve réalisée
dans la vie de notre Bienheureux.

Il la puisait aux sources les plus élevées et
la poussait aux conséquences les plus profondes ; témoin cette sage et lucide solution
qu'il donnait aux investigations du P. Temple.
« Comment concevez-vous, lui demandait celui-
ci, dans un de ces entretiens où, selon son
expression, il expérimentait son illustre pénitent, que l'homme, qui n'est qu'un vil vermis-
seau, puisse aspirer à un bien aussi grand que

l'est le paradis, et même le demander à Dieu,
et, pour ainsi dire, l'exiger de lui ? » Benoît
répondit avec chaleur que « Dieu est si bon,
si généreux, si plein d'amour pour l'homme,
qu'il suffit de le prier de cœur, pour obtenir
tout ce qui touche au salut de l'âme, et même
au bien du corps, en liaison avec celui de l'âme. »
« Mais que feriez-vous, si un ange venait vous
annoncer que votre nom n'est pas inscrit au
livre de vie, ou qu'il en a été effacé ? » A cette
sorte d'hypothèse, il répliqua sans hésiter :
« Fondé sur la promesse divine, je ne cesserais
pas pour cela de faire le bien que je pourrais ;
au contraire, je tâcherais d'en faire davantage,
persuadé que Dieu ne refuserait pas de m'inscrire de nouveau ; je ne craindrais ni ne me
confondrais jamais, espérant immuablement
et me tenant pour certain que le salut de mon
âme ne saurait m'être refusé par le Fils de
Dieu, qui a tant fait et tant souffert pour la
sauver. »

Une espérance, qui reposait sur de telles
bases, ne pouvait manquer de grandir et d'atteindre aux plus sublimes hauteurs.

Les enseignements vraiment chrétiens que
notre Bienheureux avait puisés dans son édu-

cation première, joints aux saints exemples
de ses oncles et aux austères leçons de son
maitre assidu, le P. Lejeune, lui inspirèrent
dès la jeunesse, le plus vif désir du salut et
l'inflexible volonté d'y arriver par les voies
les plus droites. On sait qu'il n'hésita jamais
à suivre les différents et rudes états de vie auxquels il se croyait appelé. Quand il s'agit surtout de partir pour la Trappe, et que ses père
et mère s'efforcèrent, par tous les moyens,
de le détourner, il déclara, avec autant de
douceur que de fermeté, que, « lors même
que son père se mettrait en travers de la porte,
pour l'empêcher de partir, il ne ferait pas de
difficulté, pour obéir à Dieu, de passer outre
sans craindre de se rendre coupable d'irrévé-
rence ou de désobéissance, tant il était persuadé que c'était là que Dieu l'appelait. »

Cette ferme confiance, qui se manisfestait
ainsi dès l'âge de vingt ans, ne le quitta point,
au milieu des étranges viscisitudes et des
épreuves multipliées de la vie si singulière à
laquelle Dieu l'appela. Au lieu de se plaindre,
il se réjouit, ce sont ses expressions, de ce que
le Tout-Puissant le conduit. Il se réjouit à
Montreuil, le 2 octobre 1769, quand il faut

quitter la Chartreuse, et quand il faut s'éloigner de Sept-Fonds, où il n'a pu, malgré ses espérances, ses prières et ses larmes, trouver le lieu de son repos, il se confie encore tout entier aux mains de la divine Providence, par l'ordre de laquelle il entreprend ses voyages.

Qu'importe à ce voyageur d'un nouveau genre le but où Dieu le mène ; les yeux au ciel et l'espérance assurée au fond du cœur, il est sûr de faire la volonté de son père qui est dans les cieux et il marche !

Aussi, malgré l'inconnu et l'incertain qui auraient dû faire perpétuellement son tourment, on le trouvait toujours d'une parfaite égalité d'humeur. Jamais on ne l'entendit prononcer une parole de plainte ou de regret soit de la vie qu'il menait, des choses même les plus utiles, qui lui manquaient, ou des infirmités auxquelles il ne tarda pas à être en proie.

Comme antidote contre la présomption que pouvait amener une telle confiance, notre Bienheureux entretenait soigneusement dans son âme la crainte des redoutables jugements de Dieu, que les sermons du P. Lejeune y avaient si profondément gravée : il y entretenait aussi une absolue défiance de lui-même. C'est parce qu'il craignait toujours quelque trahison de la nature, qu'il traitait son corps avec une rigueur inexorable ; il voulait ainsi enlever à la chair tout aiguillon et au démon toute chance de victoire. Ce dédain de toute sollicitude pour son corps le rejetait, du reste, pour tous les besoins matériels, dans cette touchante confiance en Dieu, que nous avons admirée déjà, quand il s'agissait de son âme. Prenant à la lettre les paroles du Père céleste qui demande aux hommes de s'en remettre à sa Providence, il se donnait tout au plus le souci du pain quotidien. Quand il était pourvu, pour le jour présent, pour l'heure de la nécessité, il ne se préoccupait pas du lendemain, et, si la charité l'importunait, il distribuait ses aumônes aux autres pauvres.

Son incurie pour le vêtement était plus grande encore : les seules lois de la modestie lui tenaient lieu de nécessité, et plusieurs de ses bienfaiteurs ordinaires eurent de véritables assauts à lui livrer, pour faire accepter une chemise où une paire de vieux souliers. Les historiens du Bienheureux racontent à ce sujet des scènes charmantes. Barbe Sori, de

Lorette, et le boucher Zaccarelli paraissent avoir eu sur le Bienheureux, à ce sujet, plus d'autorité que les autres.

La première obtenait qu'il couchât dans une chambre qu'elle lui avait préparée, qu'il s'assît quelquefois à la table commune, et sortît un peu de l'excessive sévérité de son régime. Elle était même parvenue de lui faire accepter une chemise et un mouchoir de poche, à la place de l'horrible guenille dont il se servait. Mais cet adoucissement n'était pas de longue durée, et le saint pauvre reprenait bientôt sa vie toute à la grâce de Dieu.

Zaccarelli avait acquis sur son saint ami un empire analogue, il lui faisait accepter des souliers, un chapeau de feutre, et même une pièce de monnaie, en vue du voyage de Lorette. Il est une chose pourtant que le boucher ne put jamais obtenir, c'est de le faire asseoir à sa table. Un jour qu'il croyait avoir surpris une promesse, il la rappelait au Bienheureux en lui disant qu'il l'attendait à dîner. « Dîner ! reprit avec étonnement le saint pauvre, dîner ! mais je dîne dans la rue ! »

On sait la manière touchante dont se terminèrent les relations du Bienheureux avec la famille du boucher.

Jusqu'à la fin de sa vie, notre Bienheureux voulut vivre dans cet absolu détachement de tous les intérêts matériels et dans l'unique recherche des spirituels. Plusieurs de ses directeurs lui avaient conseillé de se faire une petite réserve, il ne suivit pas ce conseil ; il ne permit pas plus à ses amis de lui créer, sans qu'il la demandât, une sorte d'aisance ; l'un voulait le prendre pour commensal, un autre lui assurer une subvention mensuelle, un autre le faire entrer dans un hôpital ; il refusa toutes ces offres et voulut jusqu'à la fin tenir de la seule Providence son pain quotidien.

Les rôles mêmes finirent par changer ; ce n'était plus le pauvre qui demandait et s'ingéniait à tromper le riche, pour l'intéresser en sa faveur. Les riches aspiraient à l'honneur de secourir le pauvre, et se tenaient pour heureux, quand ils y avaient réussi.

La Providence, par une fidélité admirable, fit pour lui tout ce qu'elle a promis à ceux qui se confient en elle, et, si on remarqua dans notre Bienheureux un dénûment poussé à l'ex-

cès, il faut l'attribuer à sa propre mortification,
car jamais il ne manqua du nécessaire : il ne
dut même que rarement solliciter la charité.
« Que dis-je ?, continue Mgr de Poitiers, dans
son admirable Panégyrique du 18 juillet 1860
ce pauvre avait gardé l'âme fière, autant qu'il
l'avait humble. « Qu'en ferais-je ? » répondait-
il un jour à un homme qui lui offrait de l'argent. Les secours dont il n'avait pas besoin,
il les refusait ; ou, s'il les acceptait, c'était
pour les distribuer aussitôt à d'autres. Ne
savez-vous pas qu'on l'a quelquefois taxé d'orgueil, tant il se discernait des autres pauvres, par tout son maintien et par sa générosité envers eux ?

Dans cet humble bagage qu'il portait avec
lui, il y avait plus que son propre nécessaire,
il en tirait des médailles, des livres, qu'il donnait avec bonne grâce. Dans ces occasions, on
lui trouvait presque les airs et les façons
d'un grand seigneur. Ce mendiant, puisque
vous l'appelez ainsi, on le vit, un jour de jeudi-
saint, présider la cène et traiter douze pauvres. Sous ses haillons, il se sentait le cœur si
haut, qu'il ne croyait pas déroger à la dignité
des pontifes et des princes, en s'attribuant un

ministère qui a coutume de n'être dévolu qu'à eux. Et la Providence, attentive à ce spectacle nouveau, daigna s'en exprimer à sa manière, en multipliant, dans les mains de Benoit-Joseph, le pain et les légumes qu'il servait à ses frères. »

§ III. — Sa Charité.

C'est encore à l'immortel Benoît XIV qu'il faut demander de définir le degré de charité que l'Église réclame de ses enfants, pour les élever aux honneurs du culte. « Il faut que cette charité, dit-il, répande sur toutes leurs actions un éclat qui trahisse leur humilité. Le zèle de la maison de Dieu les dévore et ils ne respirent que pour son service. Tantôt réunis au peuple chrétien, qu'ils remplissent d'édification, ils font assidûment retentir nos temples du chant des cantiques sacrés; tantôt livrés en secret aux délices de la contemplation, ils sont absorbés dans les grandeurs éternelles ; tantôt ils viennent avec empressement puiser pour eux-mêmes l'esprit de ferveur dans les sacrements de la nouvelle alliance ; tantôt ils s'efforcent de la répandre avec la bonne odeur de Jésus-Christ, par leurs discours et leurs exemples.

« A ces hommages dignes de Dieu, qui les reçoit avec complaisance, l'Église reconnaît les élus. La justice et la bienfaisance, qui règlent toute leur conduite, excitent par les actions les plus généreuses, le respect et la reconnaissance. Exacts à tout devoir, soumis à toute autorité, fidèles à tout engagement, compatissants pour les malheureux, indulgents pour les faibles, patients pour ceux-mêmes qui les outragent, ils ne connaissent jamais ni ennemis, ni rivaux. Faut-il, au contraire, endurer la faim, la soif, la persécution, pour soutenir l'innocence opprimée ? Faut-il se dépouiller de tous ses biens et se réduire soi-même à l'indigence pour soulager ses concitoyens, dans une calamité publique ? Faut-il surmonter toutes les répugnances de la nature et affronter les horreurs des maladies les plus contagieuses, pour sauver la vie de ses frères ? Ces efforts ne rebutent point la bienveillance générale des saints, toujours éclairée, toujours courageuse.

« Tels sont les héros de la charité. »

5*

Tel fut notre Bienheureux. Dès sa plus tendre enfance, sa piété fut plutôt d'un ange que d'un homme. « Il ne se plaisait, dit son père, Jean Baptiste Labre, dans sa déposition, que dans des actes de piété, s'exerçant à servir la messe, imitant les processions qu'il voyait faire à l'église, assistant fidèlement aux instructions, aux offices et aux saluts. » « Il ne perdait jamais de vue, ajoute sa mère, la sainte présence de Dieu, demeurant presque toujours dans sa chambre, pour s'y occuper d'exercices de piété, lorsque son devoir ne l'appelait point ailleurs. Il y passait même des journées entières, y souffrant en hiver la rigueur du froid, quoiqu'on l'invitât à venir se chauffer. » Cette charité précoce pour Dieu était unie à une égale charité pour le prochain. Rien n'égalait sa sollicitude pour les âmes de ses frères et sœurs : il les rappelait à leur devoir, et étendant même le cercle de son apostolat, il se plaisait à faire de pieuses lectures, non-seulement aux personnes de la famille, c'est toujours Anne Barbe Grandsir qui nous donne ces détails, mais encore aux voisins qui venaient dans la maison. Il lui arriva même de faire ces lectures aux personnes assemblées sur la place du village.

C'est surtout à Erin que la piété de notre Bienheureux se manifesta d'une façon plus éclatante. Nous laissons ici la parole à M. Dupuich, ancien vicaire d'Ames, puis curé de Bergueneuse, ami et voisin du curé d'Erin.

« Un jour de ducasse, le curé d'Erin ayant dit à son neveu : allez vous divertir avec vos compagnons sur la place ; le pieux jeune homme le quitta. Un moment après le curé d'Erin dit à son visiteur, qui n'était autre que le curé de Bergueneuse lui-même : je parie que Benoît aura été quelque part prier le bon Dieu dans la maison. M. Dupuich eût la curiosité de savoir ce qui en était, et s'étant rendu dans les différents bâtiments, il le trouva dans la grange. Le pieux enfant avait attaché à un poteau un petit crucifix, devant lequel il priait avec tant de recueillement, qu'il ne tourna pas seulement la tête pour voir celui qui ouvrait la porte. »

On sait que dans cette même paroisse d'Erin, il seconda admirablement son oncle, le curé Labre, qui mourut victime de son zèle, dans une maladie épidémique. Mais sa charité s'étendait aussi aux âmes. Une enfant d'Erin, devenue sœur converse au monastère des Ursulines de Boulogne, Jeanne Austreberthe Déplanque, en a raconté, au procès, le trait suivant. Un jour qu'elle avait été au presbytère d'Erin, le serviteur de Dieu lui demanda pourquoi il ne la voyait plus venir à l'école. Elle répondit alors que sa belle-mère ne voulait plus le lui permettre. Comme elle s'était mise à pleurer en faisant cet aveu, Benoît la consola, la conduisit à la porte de l'église, la fit mettre à genoux et lui fit dire un *Pater* et un *Ave* en répétant trois fois : *fiat voluntas tua !* Il lui remontra ensuite qu'elle devait se soumettre à la volonté de Dieu. N'insistez plus, ajouta-t-il, pour revenir à l'école ; le bon Dieu y suppléera, je le prierai pour vous. Ensuite il lui fit dire un *De profundis* pour l'âme de sa mère et répéter trois fois : Loué et adoré soit le très Saint-Sacrement de l'autel ! A jamais.

Ce n'étaient pourtant là que les débuts et comme les coups d'essais d'une charité qui devait s'élever bien plus haut.

Quand notre Bienheureux eût brisé le doux

et fort lien qui l'attachait à sa famille, pour suivre la vocation que le ciel lui traçait, non seulement il continua de se montrer strict observateur des commandements de Dieu et de l'Eglise, mais on le vit de plus en plus fidèle aux conseils évangéliques les plus élevés et aux désirs particuliers que la divine Providence parut lui manifester.

Il réfutait déjà avec une simplicité sublime les objections de sa mère, qui lui représentait qu'il aurait de la peine à subsister, s'il se retirait, comme il en témoignait le désir, dans quelque solitude : « Les anachorètes vivaient bien de racines et je pourrai bien vivre comme eux. » Et sur la remarque de sa mère que les anachorètes étaient plus forts qu'on ne l'est actuellement et qu'il se faisait alors des miracles qui n'ont plus lieu à présent, notre Bienheureux répondait avec tranquillité : « On le peut si on le veut, le bon Dieu est toujours également puissant et il se fait encore tous les jours des miracles invisibles. »

C'est avec cette confiance et cette fermeté d'âme simplement héroïque, qu'il entreprit une vie sans précédent, qui le mène, à travers le monde, comme les Israélites à travers le désert, sous la seule conduite de la lumière intérieure que Dieu faisait briller dans son âme. Non pas qu'il ait eu la témérité de se croire guidé par une communication directe, mais il est attentif au moindre signe, docile à la voix de ses directeurs, qu'il consultait fidèlement, et vigilant comme le plus fidèle serviteur. Ni les tribulations du dehors, ni les sécheresses plus pénibles de la vie intérieure ne refroidissent son zèle, elles l'aiguillonnent au contraire en le purifiant. Sa charité devient à ce point pure et élevée que ses confesseurs la comparent à celle du séraphique Saint-François. Il tenait ainsi la promesse que, dans son style aussi sobre que juste, il adressait à ses parents, à son départ de Montreuil : « J'aurai toujours la crainte de Dieu devant les yeux et son amour au fond du cœur. »

Sa manière de comprendre cet amour était aussi large que sa manière de le pratiquer était parfaite. Nous en donnerons pour exemple ce que les biographes de notre Bienheureux racontent de son séjour à Fabriano, en 1771, et de ses entretiens spirituels

avec une pauvre infirme. On dirait une page
détachée de nos saints évangiles et le disciple
y suit de près les exemples du divin maître.

Le 23 juin, raconte M. L. Aubineau, notre
Bienheureux était, après-midi, dans une des
rues de la ville. Il tombait une pluie battante,
et une femme l'engagea à entrer chez elle
pour se mettre à l'abri. Le Bienheureux entre
d'un air doux, serein et civil ; il salue modestement et à sa mode : « Loué soit Jésus ! »
Il s'assied, les yeux et la tête baissés, le
chapelet autour du bras, le bâton à la main
et le petit sac sur l'épaule. L'affabilité et la
dévotion de sa mine encouragèrent-elles la
confiance de celle qui lui avait offert asile ?
Les pauvres gens aiment à conter leurs chagrins. Benoît était chez la veuve d'un maçon,
mort en tombant d'un toit.

Elle était chargée de trois enfants et avait
ainsi bien des sujets de peine. Elle les raconte,
et le Bienheureux l'écoute, l'encourage et la
console. L'onction de ce langage pénètre
l'âme de la pauvre femme, et y réveille les
plus vifs sentiments de foi. « Sa parole était
si affable, dit-elle, en me montrant la confiance que je devais avoir en la divine miséri-

corde et dans la Providence de Dieu, que je m'en trouvai toute consolée. » La mère alors de s'émouvoir sur ses enfants et de recommander au pélerin de prier pour eux, afin de leur obtenir la grâce d'être préservés du péché. Benoît s'engage avec joie. Il attire même les enfants ; il leur parle gracieusement, pour les exhorter à se garder du mensonge et de la désobéissance, à bien apprendre et à bien réciter leurs prières, et à bien faire attention de rester toujours les enfants bien-aimés de Jésus-Christ.

Au moment de quitter la mère, il la prie de lui faire la charité d'un peu de fil. Elle lui en présente un écheveau, craignant de ne pas lui en donner assez. Il en tire quelques aiguillées et lui rend le surplus, disant : « Ce serait de trop, il vous coûte, et vous n'êtes pas riche ! » Il part enfin, après un entretien de près de deux heures, promettant, sur de nouvelles instances, de revenir le lendemain.

Or cette femme, nommé Vincenza Rocca, avait pour voisine une fille, Virgina Fiordi, infirme depuis neuf ans, supportant, avec une patience et une résignation qui l'avaient mise en grand renom de vertu par la ville,

les vives souffrances que lui causait un mal
incurable. La veuve, toute inondée et rayon-
nant d'une pieuse joie, alla conter à cette
pauvre infirme son long entretien avec un
pauvre si bon et si beau. « Pourquoi ne
m'avez-vous pas amené ce saint homme ? »
dit la malade, insistant, et ses sœurs avec
elle, pour que la veuve lui procurât cette
consolation le lendemain.

Le lendemain en effet, jour de la fête de
Saint Jean-Baptiste, Benoît rendit visite à la
veuve, et, à cause de l'aumône spirituelle
dont il s'agissait, ne refusa pas d'aller voir
aussi l'infirme. Il était à peu près onze heures
du matin. La veuve l'introduisit : « Loué
soit Jésus-Christ, » dit-il, en entrant et
saluant. — « Qu'il soit loué toujours, »
répondirent la malade et ses sœurs. A la
première vue et au son de la voix du Bienheureux, l'affligée s'était sentie émue et récon-
fortée. Elle fait asseoir le Bienheureux
auprès de son lit, et, après l'avoir questionné
sur son nom et son pays, elle entame le long
récit de ses souffrances. Benoît écoute avec
politesse ; il interroge avec bonté ; puis il
engage cette affligée à la patience, à la rési-

gnation, à l'allégresse même, en présence de la volonté divine. Il l'exhorte à penser souvent qu'elle est crucifiée avec Jésus-Christ.

Il lui prédit qu'elle ne guérira pas, mais que de son lit elle passera en paradis. Ses paroles avaient une vertu si efficace et si douce, que la malade assura n'avoir jamais été touchée de la sorte. Il lui semblait entendre Jésus-Christ lui-même, ou tout au moins quelque saint envoyé du ciel pour l'encourager. « Chaque mot, disait-elle, était une consolation du paradis. » Elle se sentait enflammée, et elle demandait au Bienheureux de lui apprendre à aimer Dieu qu'elle ne savait pas aimer. Ce n'était pas seulement la doctrine et l'onction des paroles qui étonnaient et charmaient l'infirme. Benoît lui révéla certains secrets de sa conscience qu'elle n'avait dévoilés à personne. Aussi comprit-elle que, sans une lumière surnaturelle, il n'aurait pu pénétrer dans son intérieur comme il faisait, ni lui révéler ce qu'il lui disait pour le bien de son âme.

Cependant midi avait sonné, et la malade conjura le mendiant de prendre son repas auprès d'elle et avec ses sœurs. Benoît accepta, contrairement à toutes ses habitudes et pour obéir sans doute à une impulsion intérieure extraordinaire. Il récita tout haut la bénédiction de la table, et en mangeant, il éleva plusieurs fois son cœur à Dieu, remerciant sa bonté infinie qui a créé toutes choses pour l'avantage de l'homme. Le repas était modeste : on était chez de pauvres filles ; Benoît cependant touchait à peine ce qu'on lui présentait. « Il me faut peu, disait-il, en répondant aux instances de ses hôtesses ; le surplus ne serait bon qu'à augmenter la pâture des vers. » Il continuait à entretenir des choses de Dieu : et il y avait tant de grâce et de force dans ses discours, que les deux sœurs de la malade et la bonne veuve, assises à la même table, oubliaient de manger et étaient émues jusqu'aux larmes. Bien que Benoît eût encore alors de la peine à s'exprimer en italien, elles ne perdaient aucune de ses paroles. Jamais elles n'avaient entendu parler de Dieu de la sorte.

Le repas était terminé et l'entretien continuait toujours. Le Bienheureux disait que pour aimer Dieu comme il convient, il fau-

drait avoir trois cœurs en un seul. Le premier, tout de feu pour Dieu, devrait nous
faire penser continuellement à Dieu, parler
habituellement de Dieu, agir constamment
pour Dieu, et surtout porter avec patience,
durant toute notre vie, les peines et les
épreuves qu'il plaît à Dieu de nous envoyer.
Le second cœur, tout de chair envers le prochain, devrait nous porter à l'aider dans ses
besoins temporels par les aumónes, et plus
encore dans ses besoins spirituels par l'instruction, le conseil, l'exemple et la prière.
Ce second cœur devrait surtout être tendre
pour les pécheurs, et demander sans cesse à
Dieu de les éclairer et de les amener à la
pénitence : il devait encore être plein de
compassion pour les âmes du purgatoire.
Mais il fallait que le troisième cœur fût de
bronze pour nous-mêmes, qu'il abhorrât
toute espèce de sensualité, qu'il résistât sans
relâche à l'amour de soi, qu'il abjurât toute
volonté propre, qu'il chatiât le corps par
le jeûne et l'abstinence, qu'il domptât toutes
les inclinations de la nature corrompue.
« Plus vous haïrez et plus vous maltraiterez
votre chair, disait le Bienheureux et plus

grande sera votre récompense dans l'autre vie. »

Notre Bienheureux donna encore quelques sages conseils, notamment sur la confession, la désobéissance et le mensonge. Enfin il témoigna sa reconnaissance à ses hôtes en leur laissant une prière efficace, dit-il, pour protéger leur maison de l'incendie et de la foudre.

Pour s'être élevé bien vite à la plus haute perfection, la charité de notre Bienheureux n'en avait pas moins un caractère sérieux et précis, tout à fait en harmonie avec sa première éducation. Il s'était dès le début, imposé de nombreuses prières vocales. La récitation du bréviaire romain, l'office de la sainte Vierge, les litanies des Saints, le Rosaire en formaient la base : mais il y en ajoutait beaucoup d'autres, notamment le *Miserere* qu'il aimait à réciter en marchant dans les rues. Il avait même composé quelques formules d'un parfum tout céleste et que l'un de ses biographes à recueillies.

Sa manière de prier était lente, calme, posée; il articulait chaque mot et paraissait en savourer la douceur en en pesant le sens. La volubilité italienne le faisait souvent souffrir, dans les prières publiques; quand il ne pouvait suivre la course commune, il se taisait gravement.

Les prières vocales ne formaient pourtant que la moindre partie des oraisons du Bienheureux. On observa que ses prières vocales, celles des psaumes surtout, étaient suivies d'affections nombreuses ; ses lectures, qu'il aimait à faire dans l'Imitation ou les œuvres du P. Louis de Grenade, étaient également entremêlées de brulantes élévations.

Il vint un moment dans sa vie où la contemplation fut même son état habituel, tant il suffisait d'une pensée, d'un mot, pour élever son esprit et embraser son cœur. Son attitude révélait alors quelque chose des lumières merveilleuses qui se découvraient à lui, et l'une de ses admiratrices, la veuve Majo, avait raison de s'écrier en le voyant : «Heureux mortel ! qui sait ce que tu vois !»

En le considérant ainsi immobile comme une statue, les mains croisées sur la poitrine, les yeux fermés ou amoureusement fixés sur le Saint-Sacrement, ou la statue de la Vierge, les témoins étaient saisis d'admiration ; ceux-ci prenaient des précautions pour ne pas l'interrompre ; ceux-là le regardaient avec envie pour s'animer à son exemple ; il en est qui le priaient intérieurement, comme on fait d'un saint, tous répétaient que jamais on n'avait vu prier comme ce pauvre.

Il avait pour Marie la plus tendre dévotion au point que non content de l'invoquer à tout moment comme sa mère et de visiter ses sanctuaires, il avait adopté l'habitude de porter un chapelet au cou, comme un emblême de choix et un collier de filial attachement. Saint Joseph, les trois Archanges, saint Pierre, saint Paul, saint Jacques, saint Benoît, son patron, saint François, son modèle, et l'ange gardien paraissent avoir été ses saints de prédilection ; mais le saint Sacrement, devant lequel il passait sa vie et qu'il cherchait partout, fut surtout le centre de tout ses affections et l'objet de sa maitresse dévotion : on sait qu'il mérita le beau surnom de pauvre des quarante heures ; et l'un de ses confesseurs l'appelait un Séraphin d'amour.

Entre les mystères de la vie de Notre Seigneur Jésus-Christ, disons enfin que la Passion était surtout l'objet de ses saintes méditations ; il ne passait pas un jour sans réfléchir à quelqu'une de ses périodes douloureuses, et le saint Escalier, les reliques que Rome possède, le chemin de croix, les stations du Colysée surtout et l'image de la croix lui fournissaient sur ce sujet un aliment inépuisable.

Un cœur comme celui de Benoît, embrasé d'amour pour Dieu, ne pouvait pas ne pas ressentir une vive affection pour les créatures, et quoiqu'il semble que, dans son genre de vie, notre Bienheureux n'ait pu trouver moyen d'exercer les œuvres de charité, elles n'en resplendissent pas moins dans toute son histoire.

Dès l'enfance et du premier coup, il porta cette charité jusqu'à l'héroïsme. A l'école d'Amettes, il excusait déjà ses petits condisciples, quand ils lui donnaient des coups, en disant à l'instituteur Forgeois qu'ils l'avaient sans doute frappé par mégarde. Au presbytére d'Erin, il se faisait le serviteur de tous, surtout des pauvres. A Ligny-lès-Aire, il souffrit avec une admirable patience les avanies de deux mauvais compagnons, qui se faisaient un jeu de tourmenter son extrême délicatesse et même de mettre à l'épreuve son excessive pudeur : des larmes et des sanglots étaient son unique réponse.

Mais ce fut à Rome surtout que brilla cette admirable charité qui avait grandi en lui avec toutes les autres vertus.

Quand il se fut fait pauvre, il regarda les autres pauvres comme étant deux fois ses frères, et se mit en mesure de leur rendre toute sorte de services. Sa délicatesse pour faire l'aumône était touchante ; se contentant de vivre au jour le jour, il distribuait son pain et les pièces de monnaie qu'on lui donnait : les pauvres mères avaient ses préférences, et, quand il les voyait entourées d'enfants, il ne pouvait tenir à ce spectacle et leur donnait jusqu'à sa portion de soupe.

On présume bien que sa générosité fut souvent mal interprétée ; elle lui attira même de mauvais traitements ; c'est ce qu'il cherchait ; il y trouvait double profit. Certains pauvres insolents et égoïstes abusaient aussi de sa bonté ; il se laissait dépouiller en souriant. C'est qu'il considérait les persécuteurs comme de précieux auxiliaires, qui lui donnaient l'occasion d'imiter de plus près Jésus-Christ et de mieux suivre ses préceptes.

Les âmes toute fois étaient, bien plus encore que les corps, l'objet de sa sollicitude. Tout enfant il se faisait l'apôtre de ses jeunes frères et de ses camarades, au point qu'il entraîna l'un d'eux après lui à la chartreuse de Neuville. Au foyer paternel, il aimait à faire tout haut de pieuses lectures ; dans ses pèlerinages, il ne perdait aucune occasion de travailler avec réserve et intelligence au bien spirituel des âmes. Son silence même et surtout son maintien étaient une véritable prédication.

Quand il eût reçu de Dieu les lumières surnaturelles qui lui permettaient de pénétrer les cœurs, il se servit de cette faveur avec la plus grande discrétion, mais aussi avec un merveilleux avantage. Il faut pourtant reconnaître qu'il fit surtout le bien par ses exemples. C'était, à la lettre, une lumière qui brillait dans le monde et qui, à tout instant, faisait glorifier notre Père céleste. Les confesseurs le proposaient pour modèle à leurs autres pénitents, et une foule de témoins ont rapporté que sa vue leur avait plus fait de bien, soit pour s'exciter à la contrition de leurs péchés, soit pour s'animer à l'amour de Dieu, que les exhortations les plus éloquentes.

C'est ainsi que ce pauvre apparemment si inutile, travaillait, dans une large et admirable mesure, à procurer non seulement la gloire de Dieu mais encore la sanctification du prochain.

§ IV. — *Sa Prudence.*

« Les devoirs de la religion, dit Benoît XIV, ne dispensent point un chrétien de ceux que la raison prescrit à tous les hommes. Il faut que les héros du christianisme soient aussi les héros de l'humanité, et les vertus cardinales doivent briller, dans ceux qu'on propose à la cour de Rome, de cet éclat qui caractérise la vraie grandeur d'âme, digne d'être offerte en spectacle à tout l'univers. »

La première de ces vertus est la prudence. On l'a définie : le fruit de la raison cultivée par la réflexion et l'expérience. C'est le flambeau qui éclaire l'homme dans ses démarches, lui montre le but à atteindre, avec les moyens à employer et les périls à redouter. Or, on sait que pour le chrétien ce but unique est le ciel. Tout ce qui conduit à ce terme est un secours; tout ce qui en éloigne est un ennemi. Les saints se distinguent à ce point de vue par une habilité extraordinaire, qui ne fit jamais défaut à notre Bienheureux.

Il comprit vite le but de la vie et le poursuivit avec une énergie qui ne se démentit jamais. Occasions dangereuses, plaisirs frivoles, récréations légitimes même, il trouva là des obstacles et marcha de l'avant. Pour éviter à la fois l'orgueil et la concupiscence il se jeta directement dans l'abjection et la pénitence. Eclairé par la prière, guidé par de prudents conseillers, il ne perdit pas un instant de vue sa fin suprême et employa toujours les moyens les plus sûrs pour l'atteindre. La vie du cloître, ou celle qu'il menait sur les chemins, le conduisait également au terme de son entreprise.

Ses paroles comme ses démarches étaient marquées au coin du bon sens illuminé par la foi. On n'en cite pas une qui soit aventurée. Jamais banales, toujours concises, ses réponses, quand on l'interrogeait utilement, disaient quelque chose, et pour peu que la question fut importante, il levait les yeux au ciel pour invoquer l'ange du grand conseil.

Entreprendre et mener à bonne fin une vie étrange comme celle du Bienheureux, se mettre au-dessus des idées reçues, même dans le monde dévot, braver son siècle, ne tomber que dans les excès qui sanctifient, et arriver ainsi, sans défaillance, au plus sublime degré de perfection, conserver dans toutes les situations les plus tristes, les plus abandonnées, la sérénité sur le front, la joie dans le cœur, vivre et mourir ainsi, dans la candeur et dans la paix, et mériter, de cette façon, l'admiration de l'univers, n'est-ce point la prudence la plus élevée et la sagesse la plus héroïque ?

§ 5. — *Sa Justice.*

Etre juste c'est rendre à chacun ce qui lui est dû : à Dieu, des hommages souverains ; à nos parents et à nos bienfaiteurs, le respect, la tendresse, le dévouement que réclament le sang et les services rendus ; aux puissances, les honneurs et les devoirs auxquels elles ont droit ; aux inférieurs, la bonté, la patience et la générosité ; à tous, la bienveillance, l'équité, la modération. Or les saints élèvent cette justice humaine qu'on appelle encore la probité à un degré éminent, parce qu'ils savent que Dieu lit dans les cœurs.

Aussi avec quelle ardeur, avec quel empressement notre Bienheureux rendait-il à chacun ce qui lui était dû ; on peut même dire qu'il poussa ce sentiment jusqu'au scrupule. Chez ses parents, chez ses oncles, il ne disposait de rien sans permission.

« Un jour que j'étais avec lui dans le jardin du presbytère d'Erin, raconte Jeanne Austreberthe Déplanque, native d'Erin, et converse aux Ursulines de Boulogne, je le priai de me donner des fraises, ce qu'il ne voulut point faire, sans la permission de son oncle. » La jeune enfant n'ayant pas obtenu cette permission revint au jardin et réitéra sa demande en ajoutant : « donnez m'en toujours, il ne le saura pas », sur quoi, continue la déposante, le serviteur de Dieu me répliqua que le bon Dieu le verrait. « Mais je ne vous en demande qu'une ou deux ; c'est bien peu de chose. » A quoi il répondit : « il n'y a rien de petit dans ce qui offense Dieu. On commence par peu de chose et on vient ensuite à de plus grands larcins : aujourd'hui, ce ne sera que quelques fraises, demain ce sera des épingles et ensuite des choses plus considérables. Ayez soin de vous en confesser, ajouta-t-il, ce qu'il eût soin de me rappeler encore lorsque je fus sur le point d'aller à confesse. »

Quand il faisait l'aumône, il se gardait bien d'usurper pour cela ce qui n'était pas à lui, et, quand il la recevait, c'est que le donateur n'exigeait de lui aucune condition. Sa délicatesse, sur ce point, alla si loin qu'il se croyait obligé de rendre aux autres pauvres ce qu'il appelait son superflu. Il craignait même d'épuiser, au détriment des autres, la générosité de ses bienfaiteurs, ce qui fait qu'il n'acceptait que de légères aumônes.

Il se gardait également de contracter aucune obligation précise, surtout dans le domaine spirituel, parce qu'il se considérait comme indigne de l'acquitter.

Enfin comme il savait que son extérieur, tout au moins négligé, inspirait des répugnances, il se tenait constamment dans la plus grande réserve, à la dernière place, debout autant que possible, toujours prêt à s'éloigner, à disparaître. On le vit attendre des demi-journées à l'entrée des confessionnaux, pour ne pas incommoder ceux qui y seraient entrés après lui, ou, malgré ses élans, s'approcher le dernier de la table sainte, pour ne pas distraire qui que ce soit.

En un mot, tout en se livrant à la vie crucifiante que l'on sait, il ne voulait faire partager par personne la moindre partie des incommodités dont il avait fait son lot. Est-il possible de pousser plus loin la pratique de la justice ?

§ 6. — *Sa Force.*

Si combattre les ennemis du salut est le devoir de tout chrétien, qu'ils viennent du dedans ou du dehors ; quelle n'est pas l'intrépidité généreuse déployée par les saints ? Ils bravent tous les dangers, renversent tous les obstacles, essuient toutes les rigueurs, vont à la mort au besoin, sous quelque forme qu'elle se présente, pour satisfaire à la loi ou suivre simplement l'élan de la charité.

Notre Bienheureux ne recula devant aucune de ces luttes : autant et plus peut-être qu'aucun autre saint, il eût toutes les intrépidités.

Encore enfant, il s'impose la vie la plus âpre et la plus rude, couchant, quand il le peut, sur la planche ou sur le foin, mangeant les

restes des autres et répondant tranquillement
à sa mère qui lui parle des austérités de la
Trappe, que les anciens anachorètes vivaient
bien de racines. Parmi les ordres religieux,
il n'envisage que les plus austères : encore
n'y trouve-t-il pas de quoi satisfaire son avidité pour les macérations. A vingt ans, avec
un tempérament qui eût été ardent et généreux, il choisit la vie la plus pauvre, la plus
mortifiée, la plus pénitente qu'on puisse imaginer. Voyager à pied, sans ressource, couvert
de lambeaux, sans compagnon, tourmenté de
la faim, de la soif, allant de la chaleur au froid
rigoureux, sans autre lit que la terre, contre-
dit, raillé, bafoué, exposé aux infirmités, sans
lendemain et cela jusqu'à la mort ; quel courage pour aborder cette existence et pour
la mener à terme !

Il ne faut pas être un homme ordinaire pour
faire cela, surtout si l'on ajoute, avec le P.
Temple, qu'on le trouva toujours calme, imperturbable, sans la moindre faiblesse dans les
situations les plus désastreuses ; car jamais
on ne le vit impressionné par aucun trouble
ni ébranlé par aucune émotion, semblable à
ces rochers inébranlables qui, battus par la

mer la plus affreuse, ne cèdent pas, mais restent dans leur immobilité.

§ 7. — *Sa Tempérance.*

Ce n'est pas à la tempérance dans les repas qu'il faut s'arrêter ici, car, à part pendant les quelques années de sa jeunesse, notre Bienheureux ne fit guère de repas.

Même dans sa jeunesse, notre Bienheureux n'usait des aliments qu'autant qu'il le fallait pour entretenir la vie, jamais pour satisfaire la faim et la soif, encore moins le goût.

Voici où il en arriva plus tard, d'après l'abbé Marconi son confesseur. Toute sa nourriture la plus recherchée se réduisait à une soupe et quelques morceaux de pain ; sa boisson constante à l'eau qu'il humait à la fontaine. Encore ne mangeait-il pas toute espèce de soupe et ne la recevait-il pas de toute main : il fit successivement diverses exclusions qui, à la longue, équivalaient à une abstention générale. J'ai dû le faire revenir sur cette détermination ; toutefois il se serait bien gardé de toucher à celles qui étaient suspectes du moindre atôme de gras, dans les jours d'abtinence.

A défaut de soupe, ses aliments se composaient de choses de rebut jetées par les fenêtres dans les rues, de feuilles de choux, d'écorces d'oranges amères, de tronçons de broccoli, de fruits pourris; et ce repas, il le prenait après-midi, sur la voie publique, sur une pierre, où il se trouvait, triomphant ainsi tout à la fois du respect humain et de la sensualité.

Pour achever de comprendre le mérite de cette manière de vivre, il faut se souvenir que Benoît était d'une complexion délicate, qu'il avait été élevé dans un certain bien-être et que son éducation n'était pas commune. Il sentait donc, dans toute leur intensité, les sacrifices que sa vertu imposait à la nature.

Le couvert et le vêtement, est-il besoin de le dire, étaient à l'avenant du vivre ; multipliant d'autant la mortification, en même temps que le mérite. Mais la tempérance, telle que la définit la langue chrétienne, va bien au delà de cette écorce, elle joint à la mortification des sens, celle du cœur, s'étend à l'humilité et au détachement. Les saints se regardent comme un pur néant, en présence de Dieu, comme des serviteurs inutiles, à charge à la société. Aucun sacrifice ne leur coûte et la pénitence est leur élément habituel. Et cependant ils ne croient jamais en faire assez pour expier l'énormité de leurs fautes ou pour conserver leur innocence.

Tel est le beau domaine de la tempérance, dans la vie de notre Bienheureux. L'essence de l'humilité est de se renoncer soi-même : c'est sur cette base inébranlable que notre Bienheureux établit sa perfection. Il s'était formé une si basse idée de lui-même, dit l'abbé Marconi, qu'on ne saurait la comparer qu'à une mer profonde, dont aucune sonde ne saurait atteindre le fond ; et si l'on veut savoir par quels moyens il en arriva là, le P. Temple nous dit que ce fut par la méditation et la prière. Ce mépris se manisfestait dans toutes ses expressions, mais c'est au tribunal de la pénitence qu'il éclatait avec le plus d'énergie. Il ne lui en coûtait pas de s'avouer un monstre d'iniquité, un ver de terre et un fumier.

De là, un soin jaloux de cacher à tous les yeux ses qualités, ses vertus et jusqu'à son origine. Toute son étude était d'être mépri-

sable et abject. Et si quelque trait de délicatesse ou de bonne éducation venait à le trahir,
il se dérobait au plus tôt. Les marques d'attention lui causaient un véritable chagrin,
elle le déterminèrent même aux ruptures les
plus douloureuses, notamment avec le P.
Temple, son célèbre confesseur de Lorette. Il
s'éloignait également des distributions de
soupe, où l'on avait eu le tort de le remarquer.

Quant aux mépris et aux ignominies, il les
recherchait et s'y exposait à dessein. C'est là
ce qui explique cette tenue étrange, qui dé-
routait toute notion de costume. Passer pour
un vagabond, un idiot, une tête mal équili-
brée, était toute son ambition.

Ajoutons que ce costume sordide, ce régime
rebutant, cette modestie parfaite, ces mortifications héroïques étaient pour lui autant de
garanties contre le vice impur. L'habitude de
tenir les yeux baissés était telle chez notre
Bienheureux qu'il paraissait avoir acquis aux
paupières un muscle qui leur servait de frein ;
jamais il ne les leva sur une femme et on le
vit plus d'une fois, pendant ces pèlerinages,
coucher à la belle étoile plutôt que d'accepter l'hospitalité dans une maison ou des

femmes étaient logées. On peut juger par là de la garde qu'il imposait à ses oreilles : cette délicatesse explique plus que toute autre raison ses habitudes sauvages et son amour de la solitude. Quant à son goût, il le mortifiait au point que nous avons vu, surtout pour ôter au corps tout aiguillon charnel. C'est pour le même motif, il l'avoua au P. Temple, qu'il se priva absolument de vin.

Ces moyens héroïques ne suffisaient pas encore à ce généreux ami de la sainte chasteté, et le démon impur lui livra longtemps, le croirait-on, les plus violents assauts. La nuit surtout, cette nuit si courte, et passée sur la dure, était pour notre Bienheureux un enfer de fantômes, d'illusions, de terreurs. Mais plein de confiance en Dieu, invoquant Marie immaculée, il tenait tête à l'orage, se levant au besoin, se roulant par terre, se flagellant durement et résistant jusqu'à la fin, au point de n'essuyer jamais la moindre défaite.

Dieu, du reste, le récompensa, dans les derniers temps, par un calme suave qui jusqu'à la mort la plus prochaine, tint son visage aussi serein que son cœur était pur.

Arrivé alors à ce parfait détachement qui consiste à renoncer à tout pour suivre Jésus-Christ, il goûta ce bonheur que trouve ici bas le seul serviteur de Dieu et il en est peu qui peuvent déclarer, comme il le fit à Litli, qu'il était parfaitement satisfait de son sort.

Tout Rome, dit son premier historien, l'a vu chargé de ses croix, indignement traité, effrontément outragé, cruellement frappé, mais aucun n'a pu noter en lui un seul mouvement d'impatience; au contraire, c'était un sujet d'admiration, pour tous ceux qui l'ont connu, de voir comment il se montrait content au milieu de ses haillons et de ses misères. Pour moi, conclut l'abbé Marconi, l'air de gaîté que je lui ai vu le premier jour qu'il se présenta, je l'ai retrouvé jusqu'à la fin, quoiqu'il eût l'apparence d'un cadavre plutôt que d'un homme vivant. Bien plus, jamais il ne m'avait paru aussi content et joyeux de son intérieur, que la dernière fois où à peine pouvait-il se soutenir, imitant ainsi l'apôtre qui se complaisait dans ses infirmités, pour Jésus-Christ, parce qu'elles le rendaient plus fort.

IX

LES MIRACLES DU BIENHEUREUX.

Il semble qu'un serviteur de Dieu dont l'Eglise a proclamé les vertus héroïques puisse être, par le fait même, inscrit au catalogue des Saints, et mérite les honneurs de la béatification. Qu'ajouter en effet à cette série d'héroïsmes manifestés à tous les points de vue et embrassant toute la vie de l'homme et du chrétien ?

A coup sûr, cet ensemble de qualités, cette suite de vertus poursuivies jusqu'à la tombe emporterait l'admiration des hommes et mériterait leurs hommages, mais l'Eglise hésite encore et réclame plus distinctement l'intervention du ciel.

Il lui faut des miracles ; il faut que Dieu, dont la volonté suprême a donné des lois à la nature, ait suspendu, d'une manière ou d'une autre, l'activité de ces lois, à la requête de ses serviteurs ; il faut, en un mot, qu'il se manifeste clairement et par des signes sensibles, en faveur de ceux que les hommes doivent honorer.

Au premier abord, cette exigence paraîtrait exagérée, mais l'Eglise s'en accommode, et l'intérêt de la religion permet cette rigidité. Puisqu'il faut des miracles, pour attirer la confiance des peuples et pour fermer la bouche aux ennemis de la religion, l'Eglise, aux termes mêmes des promesses de Jésus-Christ, exige des miracles.

Nous avons vu que les premières informations des évêques et du Saint-Siège ne séparent point le bruit public des miracles, de celui des vertus, et, dans le détail des précautions qui rendent les preuves inévitables, nous avons dit comment les témoins doivent être à l'abri de tout soupçon ; mais le moment est venu pour l'Eglise de procéder, de ce côté, à un examen direct, approfondi, absolument convaincant.

Tous les prodiges n'ont pas le même caractère de puissance et de merveilleux. Il en est qui emportent d'eux-mêmes, toute conviction, d'autres ont besoin de garanties ; c'est ainsi que les guérisons ne sont admises au rang des vrais prodiges, que moyennant sept conditions indispensables.

Ce sont ces conditions que la Congrégation des Rites exigea rigoureusement lorsque le nouveau postulateur de la cause, l'abbé François Virili, de la congrégation des Missionnaires du Précieux-Sang, présenta deux miracles à son approbation.

Le premier de ces miracles avait été opéré le 22 mai 1783, en faveur d'une jeune paysanne du village de Mazzano, dans le diocèse de Népi. A la suite d'une péripneumonie inflammatoire et d'un abcès vomique aux poumons, avec suppuration, Marie Rose de Luca, pauvre fille de quinze ans, en était arrivée au dernier degré de consomption, et le médecin communal avait jugé sa phthisie incurable, lorsque la malade fut apportée à Rome au tombeau du Bienheureux. Après deux visites au tombeau et une crise qui parut être la dernière, la malade, qui avait placé l'image du Bienheureux sur le côté douloureux, s'endormit profondément, se leva guérie, retourna aux champs et, cinq ans plus tard, devint épouse et mère.

Le second miracle date aussi du mois de

mai 1783. Thérèse Tartufoli, de Civita-Nova, souffrait depuis plus de six ans d'un ulcère fistuleux à la machoire que le fer et le feu n'avaient pu guérir. L'application d'une image du Bienheureux sur l'ulcère suffit également pour le faire disparaître. En moins d'une nuit, la plaie se soude et disparait, elle se recouvre même d'une peau molle et douce ; toute la famille de Thérèse, le chirurgien, toute la ville glorifient le thaumaturge et Thérèse excita elle-même l'admiration des juges par la conviction, la naïveté et l'intelligence de ses dépositions.

Ces deux miracles parfaitement caractérisés et dont l'étude approfondie fut soumise à la Congrégation des Rites pouvaient, selon toute apparence, suffire à ses exigences, le postulateur n'en résolut pas moins, par précaution, d'en présenter un troisième, la guérison de la sœur Angèle Marini.

Dès l'âge de huit ou neuf ans, Thérèse Marini, née à Saint Léon, en 1771, avait eu l'occasion de voir notre Bienheureux, qui passait par sa ville, malade, et de lui faire l'aumône, c'est ce bienfait qui fut sans doute récompensé d'une manière miraculeuse, au mois d'avril 1818. A

quinze ans, la jeune Thérèse était entrée chez
les Dominicaines de Pennabilli, et y avait fait
profession en 1789, lorsqu'après le carnaval
de 1792, et à la suite d'un exercice trop violent, sans doute, elle commença à souffrir d'une
dilatation anormale de la rate. Bientôt l'en-
gorgement amena une véritable obstruction
de nature calculaire, qui causa un trouble
profond dans l'organisme de la malade. Cette
situation alla s'aggravant pendant vingt-six ans,
et après différentes vicissitudes amenées par
l'occupation française, la pauvre religieuse se
trouvait chez les Clarisses de Maratace, lorsqu'elle parut arriver au terme de ses souffrances.

Onze médecins, après y avoir épuisé leurs
efforts, avaient abondonné cette malade, qui
désespérait elle-même de sa guérison, lorsque, le lundi ou le mardi de la semaine sainte
1818, elle vit entrer familièrement dans sa
cellule une converse inconnue qui s'approcha
de son lit.

« Ma sœur, comment allez-vous lui deman-
da-elle? — Très mal. — Ayez foi et confiance. —
La foi efficace est rare ; car j'ai beaucoup prié
et je n'ai rien obtenu.» Alors la religieuse lui

présente une image qu'elle reconnaît pour le portrait de ce pauvre qu'elle avait vu dans son enfance. Il ne lui était jamais venu en pensée de s'adresser à lui, parce quelle ne se figurait pas que c'était le même dont la mort avait fait tant de bruit. En le reconnaissant, elle saisit vivement l'image, et la baissant, elle fait cette invocation : « O Vénérable serviteur de Dieu, en échange de ce pain que je vous donnai, de trois grâces, accordez-m'en une, la santé, la mort, ou la patience.» Elle répéta plusieurs fois cette prière, et appliqua l'image à son mal, sentant une certaine émotion intérieure qu'elle n'avait jamais éprouvée. Immédiatement après la sortie de l'étrangère, elle éprouva un mieux sensible, et s'endormit paisiblement. Ce fut le lendemain matin qu'elle s'aperçut de son entière guérison. L'infirmière et l'abbesse envoient bien vite quérir le médecin et le chirurgien, qui palpent, auscultent, éprouvent, mais ne découvrent plus aucun symptôme des maux précédents ; ce qui fit dire à l'un d'eux : « Je pourrais attester le miracle avec mille serments. »

Restait à vérifier quelle avait été la messagère du miracle. La malade ne l'avait point reconnue pour une sœur du couvent : mais pour plus de certitude, l'abbesse interroga toutes les converses, ce n'était aucune d'elles. Et l'image, où avait-elle été prise ? Il ne s'en trouva qu'une seule dans tout le monastère, et ce n'était point la même. Cette apparition était donc elle même un prodige, joint à celui de la guérison.

Ce fut en 1824 qu'eût lieu une première information sur la guérison de la sœur Angèle. Léon XII délégua à cet effet Mgr Antoine Bégni qui nomma une commission composée de quatre dignitaires du chapitre, sous la présidence d'un vicaire général. Après la comparution de neuf témoins et trente-trois interrogatoires, les séances furent interrompues et la reprise du procès n'eût lieu qu'en 1847, sur les instances du postulateur Virili.

L'évêque du Mont-Feldre était alors l'ancien vicaire général qui avait procédé aux premières informations. Un nouveau tribunal fut institué, douze témoins nouveaux comparurent et la plus grande activité fut déployée.

La sœur Angèle appelée de nouveau devant le tribunal craignit de ne pouvoir plus, à l'âge de soixante-seize ans, expliquer toutes les

circonstances de la maladie, avec la précision
nécessaire et ses préoccupations allaient jusqu'à la distraire dans l'office du chœur, lorsqu'elle ressentit tout à coup au côté une douleur plus poignante que toutes celles qui
l'avaient éprouvée. Forcée de regagner sa cellule, elle se jette à genoux, demande pardon
au Vénérable de ses hésitations et lui promet
de comparaître sans crainte et de témoigner
de son mieux devant le tribunal. A peine
cette prière était-elle finie, que la douleur
s'évanouit et avec elle toute inquiétude. La
sœur Angèle comparut alors et déposa avec
une lucidité et une fermeté qui firent l'admiration des juges et des hommes de l'art.

Avec elle comparurent sa supérieure, fille de
l'un des médecins qui l'avaient traitée et condamnée autrefois, une sœur converse qui
avoua incidemment une guérison opérée
encore par l'intercession du Bienheureux.

Quand le procès fut enfin arrivé à bon terme, l'évêque, qui en rendit compte à la
Congrégation des Rites, remerciait Dieu d'avoir
conservé la religieuse, objet du miracle, jusqu'à l'âge de soixante-seize ans, avec une
santé, une vigueur d'esprit, une sécurité de

mémoire telles, qu'on pourrait à peine les désirer d'une personne dans la force de l'âge. Le médecin, plus que septuagénaire, et le chirurgien, aussi chargé d'années, qui ont soigné sa dernière maladie ont pu également déposer, ainsi que le prêtre qui l'avait assistée dans sa longue agonie.... Plaise à Dieu ajoute l'évêque que l'approbation du saint Siège soit accordée à ce prodige éminent, pour la gloire de son nom et celui de son Vénérable serviteur !

Une fois les pièces des procès arrivées à Rome, le postulateur Virili ne tarda pas à en demander la vérification : ce qui lui fut accordé en avril 1848. Alors commença le travail de l'avocat François Mercurelli et celui du promoteur, sur les trois miracles présentés. Ce travail dura cinq ans. Chacun des trois miracles fut soumis à la plus minutieuse investigation et dût sortir avec avantage des sept conditions, imposées à toute guérison, par Benoit XIV. Voici ces conditions ; il faut :

1° Que les infirmités soient considérables, dangereuses, invétérées, de l'aveu des médecins les plus intègres et les plus habiles ;

2° Que la maladie ne soit point encore à sa

dernière période, en sorte qu'on n'en puisse raisonnablement attendre le déclin ;

3º Qu'on n'ait point encore employé les remèdes ordinaires dont la médecine et la pharmacie font usage, ou qu'on soit assuré par le temps et les circonstances, que leur vertu ne peut influer sur le bien-être du malade ;

4º Que la convalescence soit subite et instantanée, que les douleurs ou le danger cessent tout-à-coup, au lieu de diminuer peu à peu et par degrès, comme dans les opérations de la nature :

5º Que la guérison soit entière et parfaite, une délivrance ébauchée n'étant pas digne du nom de miracle ;

6º Qu'il ne soit point survenu de crise ou de révolution sensible capable d'opérer seule ;

7º Enfin que la santé soit constante et que la rechute ne suive pas tout à coup, autrement il n'y aurait qu'un moment de relâche et non un soulagement entier et merveilleux.

Inutile de fatiguer le lecteur par le développement de chacun de ces articles.

Ils furent habilement attaqués par le promoteur André Frattini, mais victorieusement établis dans une magistrale réponse de l'avocat Mercurelli, qui a près de 300 pages.

Ce travail considérable ne fut publié qu'en 1853. Immédiatement après cette publication le P. Virili demanda la réunion de l'assemblée anté-préparatoire. Elle eût lieu chez le cardinal Patrizi. La décision de cette assemblée fut suspensive et réclama une nouvelle consultation des médecins. Les guérisons de Thérèse Tartufoli et de la sœur Angèle furent unaniemment reconnues miraculeuses, mais, des deux médecins chargés d'étudier à nouveau la guérison de Marie Rose de Luca, l'un, Jean Baptiste Ghirelli, conclut sans aucune hésitation au miracle, mais l'autre Charles Maggiorani, trouva qu'on ne pouvait point exclure absolument de cette guérison les causes naturelles, tout en y voyant quelque chose d'extraordinaire.

C'en était assez pour réclamer une contre-expertise. Elle fut confiée au docteur Valentini, professeur de clinique à l'Université de Rome. Celui-ci conclut absolument au miracle.

Dès lors, l'assemblée préparatoire se put tenir. Elle eût lieu au Vatican, le 15 septembre

1857 et les consulteurs y donnèrent affirmativement leur suffrage.

Restait l'assemblée générale. Elle fut tenue
le 15 mars 1759 au Vatican, en présence de sa
Sainteté Pie IX. Le cardinal rapporteur ayant
alors proposé de nouveau la question de cons-
tatation des miracles, les cardinaux présents
et les consulteurs donnèrent chacun leur
suffrage.

Le souverain pontife, suivant l'usage de ses
prédécesseurs, réclama de nouvelles prières,
avant de se prononcer, dans une question si
grave. Enfin, après de mûres réflexions et des
prières réitérées, il résolut de rendre son jugement définitif et solennel le jour de l'Ascension
1859. Ce jour-là, raconte le journal des *Villes
et des Campagnes*, la messe terminée, le souverain Pontife s'est agenouillé devant la confession ou se trouvent les têtes de saint Pierre
et de saint Paul et leur a adressé une prière
dont l'ardeur a été remarquée par tout le
monde. De là il s'est rendu au balcon de la
tribune de la Basilique et a donné d'une voix
forte, mais émue, la solennelle bénédiction
Urbi et Orbi à la foule nombreuse qui se pressait pieuse et recueillie sur la vaste place qui

précède l'Église. De nombreuses troupes étaient venues ajouter, par leur présence, à la splendeur de la fête.

Le Saint-Père, après la bénédiction papale, s'est rendu la à vaste sacristie des chanoines, avec tous les prélats, les évêques et cardinaux, pour procéder à la proclamation du décret de Béatification des vénérables serviteurs de Dieu, Benoît-Joseph Labre et Jean Sarcander prêtre séculier et curé de diocèse d'Olmütz, en Autriche, martyr du secret de la confession.

A cette pieuse cérémonie se trouvaient présents S. Exc. le duc de Grammont, ambassadeur de France, le général de Goyon, avec son état-major, et un bon nombre d'officiers, des prêtres français et allemands et un grand nombre de personnages distingués. (L'ambassadeur d'Autriche n'était pas à cette cérémonie, et son absence a été remarquée, ainsi qu'aux offices de la matinée.)

Lorsque le St-Père a été rendu a son trône les deux postulateurs de la canonisation des deux Serviteurs de Dieu se sont approchés de Sa Sainteté, ont célébré dans deux discours séparés les vertus et les miracles des deux vénérables Labre et Sarcander, et ont supplié le Saint-Père de vouloir bien promulguer les décrets de Béatification. Le supérieur général des Missionnaires du Précieux-Sang a joint sa voix à celle du postulateur du vénérable Sarcander et à rappelé, dans un remarquable discours, les qualités et les vertus de ce saint Patron.

Le Souverain-Pontife, prenant alors la parole et joignant ses accents à ceux des orateurs entendus, se prit à faire l'éloge des deux Vénérables personnages ; et arrivant à l'humilité et la pauvreté qui ont jeté un si vif éclat chez Benoît Labre, il se mit à exalter ces deux vertus si méconnues de nos jours. « Nous vi-
« vons au milieu d'un siècle où l'on ne connaît
« que la soif des richesses et des plaisirs et où
« l'on n'aspire qu'à l'indépendance et à la
« licence. Les vertus qui font l'honnête hom-
« me et le chrétien sont dédaignées aujour-
« d'hui et prises en pitié par des milliers
« d'hommes qui ne songent qu'à la jouissance
« des sens, à la satisfaction des appétits char-
« nels. Ce matin même, je lisais dans une feuille
« qui prétend donner l'enseignement au peu-
« ple, qu'à notre époque, on ne doit plus s'occu-

« per du progrès des sciences, des arts, des
« lettres, mais que tous les efforts devaient
« se porter à développer les richesses, le
« bien être et le gain de chacun. Ces paroles
« impies, qui montrent à quel point le sensua-
« lisme a envahi la société, ne sauraient être
« énergiquement et fructueusement combat-
« tues que par l'amour et la pratique de cette
« bienheureuse vertu de la pauvreté si amou-
« reusement aimée des saints et en particulier
« du bienheureux Labre. »

Parlant ensuite de cette fièvre d'indépendance qui mène le corps social, et nous
conduit, si l'on n'y prend garde au renverse-
ment de la société, le St-Père prononça ces
paroles qui impressionnèrent vivement tous
les assistants : « Aujourd'hui, ce désir d'une
« indépendance sans frein s'est développé d'une
« manière si déplorable, que tout le monde
« délaise le pieux et le doux Samuël pour
« s'attacher et courir sur les pas de Saül !. »

X.

LA BÉATIFICATION.

La supplique par laquelle l'avocat Mercurelli avait réclamé, au nom du postulateur
Virili et en son propre nom, les honneurs de
la Béatification pour son illustre client, se termine par ces remarquables paroles : «La
France entière où le serviteur de Dieu a
reçu le jour, les pays qu'il a parcou-
rus et ceux où la renommée de sa sainteté est
arrivée, Rome avant tout et dans Rome le
quartier où il a passé ses derniers jours, et
rendu le dernier soupir, réclament très humblement de votre sainteté que le nouvel
habitant du Ciel proposé bientôt à la vénération des fidèles et devenu l'objet de leur admiration, leur apprenne de nouveau par ses
exemples, que les seuls moyens d'acquérir la
céleste félicité ne sont ni la richesse ni le faste
du monde ni ses voluptés, mais le mépris de
ce qui passe et le désir de ce qui demeure,

joint à l'humilité et couronné par la mortification. »

Le promoteur Frattini déposa à son tour,
comme il le dit, la verge des censeurs, pour
se joindre à son adversaire dans les luttes
du procès, et réclamer l'exaltation de celui
qui s'était humilié dans la plus extrême
pauvreté et le plus absolu dénument.

Cette Béatification, dit-il, apprendra à l'humanité de quel côté il faut regarder pour
trouver la vraie prudence, la force, l'intelligence, la lumière et la paix.

En lui promulgant le Décret apostolique
relatif à la Béatification, le 22 juillet 1859,
l'illustre Evêque d'Arras, Monseigneur Parisis,
ne manquait pas d'associer son diocèse aux
honneurs qui allaient rejaillir sur la France,
« puisque les saints, dit-il sont la noblesse de
l'Eglise, et que la terre qui les a produits en
acquiert une gloire incomparablement plus
haute que tous les titres, et plus durable que
toutes les généalogies. » L'évêque motivait
ensuite, de la manière suivante, le pressant
appel qu'il faisait à la charité de ses fidèles :

« L'Eglise, qui environne tous les actes de
notre saint ministère de cérémonies exté-

rieures propres à en donner l'intelligence, fait célébrer à Rome, avec un éclat particulier, la déclaration solennelle de la béatification et de la canonisation de ses saints, afin de représenter, autant que peuvent nous le permettre les choses d'ici-bas, la gloire incomparable dont ils jouissent dans le Ciel.

« L'immense basilique de Saint-Pierre est, à cet effet, entièrement tendue et décorée ; et quand on pense aux colossales proportions de cet édifice, le plus grand du monde entier, aux détails somptueux de la solennité, aux préparatifs qu'exige la présence de tant de personnages illustres de France et des autres nations catholiques, on comprend encore qu'on ne peut y suffire qu'avec des dépenses énormes, pour lesquelles le Saint-Siège, par lui-même, n'a pas de ressources ».

Monseigneur Parisis s'adressa également à la charité de l'épiscopat français par la lettre suivante :

MONSEIGNEUR,

« Votre Grandeur sait, qu'en vertu des décrets apostoliques, rendus le 2 juin dernier, en la fête de l'Ascension de N.-S., et le 15 août suivant, jour de l'Assomption de la

7

bienheureuse et immaculée Vierge Marie, on doit procéder prochainement à la béatification solennelle du grand serviteur de Dieu, Benoît-Joseph Labre, né au diocèse de Boulogne, dans un humble village compris maintenant dans le diocèse d'Arras.

« La glorification d'un pauvre qui passa toute sa vie dans le mépris de lui-même, dans le délaissement de son corps et dans le recueillement en Dieu, n'est pas seulement une joie pour l'Eglise et une gloire pour la France, c'est surtout un enseignement très-grave et très-opportun pour notre siècle orgueilleux, matériel et dissipé. Votre Grandeur le comprend mieux que moi, et c'est pour cela que je viens avec confiance la prier de s'associer à cette grande et sainte œuvre.

« Les frais énormes de la procédure, qui n'a pas été, pour ainsi dire, interrompue depuis plus de soixante ans, ont été couverts à peu près par les aumônes recueillies principalement dans ce diocèse et à Rome, où le vénérable Benoît-Joseph est mort ; mais il ne reste absolument plus rien pour suffire aux dépenses très-considérables de la pompe extraordinaire exigée à Rome par le cérémonial

de la béatification ; et comme ce n'est pas ici
l'affaire d'un diocèse particulier, mais bien
celle de l'Eglise tout entière, j'ai pensé,
Monseigneur, que vous voudriez bien lui
venir en aide par un moyen qui ne peut
aucunement ni vous être à charge, ni porter
préjudice à vos bonnes œuvres, c'est-à-dire,
par une quête faite dans toutes les églises et
chapelles de votre diocèse, en un jour déterminé par Votre Grandeur.

«C'est la première fois, depuis vingt-cinq ans
d'épiscopat, que je m'adresse à mes vénérables
collègues pour une demande de cette nature;
mais, encore une fois, il ne s'agit ici ni de
besoins particuliers ni d'affaires locales : il
s'agit d'un intérêt général et sacré.

« Si, par une discrétion excessive, j'avais
laissé cette précieuse béatification exposée,
faute de ressources, à des retards toujours
compromettants, surtout dans les circonstances ou l'Europe se trouve, vous eussiez
pu, Monseigneur, me reprocher d'avoir
manqué de confiance en vous, et j'aurais
mérité ce reproche: je ne l'ai pas voulu : c'est
ce qui explique et au besoin justifie toute
cette lettre.

« Veuillez, Monseigneur, l'accueillir avec bienveillance et agréer l'hommage de mon affectueux respect,

† P. L. Ev. d'Arras,
de Boulogne et de St-Omer. »

Ces deux appels furent entendus (1) et l'Eglise de Rome put se préparer, sans autre souci, à représenter, autant que peuvent le permettre les choses d'ici-bas, la gloire incomparable dont les bienheureux sont entourés dans le ciel.

Quelques mois plus tard, dans son admirable instruction pastorale pour le Carême de 1860, Monseigneur Parisis montrait à son diocèse et comme le lui disait l'évêque de Poitiers, au monde entier, toujours attentif à sa voix, quelle leçon vivante et notoire de mortification chrétienne la vie du nouveau Béatifié donnait à notre époque.

(1) On nous permettra de signaler à la particulière reconnaissance des amis du Bienheureux, l'archevêché de Cambrai qui fournit près de 14,000 fr., celui de Rouen 6500, l'évêché de Langres 5000, celui de Nantes 5700, celui du Mans 3000, et Monseigneur l'archevêque de Sens, qui en s'excusant de ne pouvoir imposer une quête nouvelle à son diocèse, envoyait une offrande personnelle de 500 fr. Chaque paroisse de notre diocèse fournit son contingent à cette grande dépense, mais nulle ne fut plus généreuse que la pauvre paroisse d'Amettes, qui envoya un millier de francs.

Il n'est point possible, malheureusement, de reproduire ici ces merveilleuses pages, si grandes et si simples tout à la fois, des œuvres de notre immortel pontife. Qu'on nous permette d'en détacher seulement les quelques lignes dans lesquelles la vocation particulière de notre Bienheureux est si admirablement expliquée :

« Sa vocation, déterminée par les signes les plus évidents de la volonté de Dieu, sa vocation unique fut d'être pèlerin, c'est-à-dire, de n'avoir ici-bas aucune demeure lui appartenant à aucun titre, et de passer sa vie dans de longs voyages solitaires, pour visiter les lieux plus particulièrement signalés par les dévotions publiques et par les grâces divines.

« Remarquons avant tout, N. T.-C. F., combien encore cette vocation de Benoît Labre surpasse en privations celles de tous les religieux de nos jours, et même des anachorètes d'autrefois. Tous, en effet, ont eu, tous ont encore un domicile déterminé ; tous les fondateurs d'ordre, même ceux qui ont posé comme condition première la pauvreté complète, ont toujours commencé par assurer à leurs frères un lieu d'habitation. Les anciens solitaires eux-mêmes se choisissaient au moins une grotte et y demeuraient. Tous ont cherché, tous ont possédé plus ou moins les jouissances, les avantages et la sécurité du chez soi.

« Le chez soi, ce lieu qu'aucun autre ne remplace, où l'on ne dépend de personne, où l'on sent que l'on s'appartient, où l'on se repose tout entier, où l'on jouit pleinement du droit souverain de sa liberté, le chez soi, Benoît Labre, depuis sa sortie de la maison paternelle, ne l'a jamais connu. Pendant plus de treize ans, il fut l'imitateur parfait de celui qui a dit de lui-même : « les renards ont leurs tannières, les oiseaux ont leurs nids, et le Fils de l'Homme n'a pas où reposer sa tête. » A part quelques rares et courtes exceptions, il ne savait jamais le matin s'il aurait le soir un toit pour la nuit suivante, et le plus souvent, quelle que fut l'inclémence des saisons, c'est sur la terre nue ou sur la pierre froide qu'il laissait reposer, par un court sommeil, ses membres épuisés de jeûne et à peine vêtus.

« Il partait pour ses plus lointains pèlerinages, toujours sans provisions et sans argent pour le lendemain. Puis il s'enfonçait seul dans les chemins les plus déserts, pour rester plus recueilli en Dieu, et quand venait chaque soir l'impérieux besoin de s'arrêter, il mangeait n'importe quoi et couchait n'importe où sans jamais rien demander à qui que ce fut, tant sa vie était tout entière au ciel.

« Non, véritablement, il n'appartenait plus à la terre. Il ne faisait, pour ainsi dire, qu'y toucher rapidement pour l'extrême nécessité, comme l'oiseau qui vient y becqueter quelque pâture, sans interrompre son vol, mais qui habite des régions supérieures ; ou comme un de ces anges que Dieu envoie ici-bas pour exécuter ses volontés parmi les hommes, mais qui ne cesse pas un instant pour cela de rester dans les splendeur de sa sainte présence.

« *Semper vident faciem Patris.* »

Tout entier à cette grande cause, Monseigneur Parisis adressait à ses diocésains, le 2 juin 1860, un nouveau mandement pour la fête de la translation des reliques du Bienheureux Benoît-Joseph Labre. Partant de cette pensée, qu'il faut faire, dans l'ordre de la religion, ce qui se fait tous les jours dans les sociétés purement humaines, qui élèvent solennellement des statues à leurs grands hommes et convoquent à cet effet toutes les classes de la société, en même temps qu'elles invoquent le concours de la poésie, de l'éloquence et de tous les arts, l'éloquent évêque convoque son diocèse et même la France entière aux fêtes extraordinaires qui doivent honorer à Arras la translation des reliques du Bienheureux.

Prêtres et fidèles sont donc appelés à Arras par cette grande solennité, qui commence le Dimanche, 15 juillet, et se continuera pendant trois jours avec procession extérieure, offices pontificaux et prédication quotidienne, par un des nombreux évêques qui ont promis de venir célébrer cette fête.

Le 24 juin, un troisième mandement rendait compte au clergé et aux fidèles du diocèse des fêtes de la béatification, célébrées le 20 mai, dans l'auguste basilique de St-Pierre, avec une incomparable magnificence.

Nous n'avons rien de mieux à faire, ici encore, que d'emprunter la plume de l'éminent évêque, témoin attendri de ces splendeurs, auxquelles il avait eu une si grande part.

« Il vous tarde naturellement, N. T.-C. F.,

de savoir quelles impressions nous avons rapportées de ce long et rapide voyage, entrepris uniquement pour aller représenter notre diocèse dans la grande fête où un de ses enfants devait être solennellement glorifié par la sainte Eglise de Dieu.

« Eh bien! nous vous dirons sans hésiter, N. T.-C. F., que de ce côté nos impressions ont toutes été celles de l'admiration, de l'édification et de la joie en N. S. J.-C.

« D'abord, rien, dans nos longs et nombreux souvenirs, n'égale la splendeur qui avait été répandue jusqu'aux voutes de l'immense basilique de Saint-Pierre, pour environner l'image de notre Bienheureux. A Rome même, où l'on a le secret et l'habitude de ces saintes magnificences, on ne se rappelle pas avoir rien vu d'aussi merveilleux. C'était justice, au reste, et parfaitement conforme à l'Evangile. Ne fallait-il pas que celui qui avait été le plus humble fut le plus honoré ? (Luc, XVIII, 14).

« Aussi, quel spectacle que ces quatre mille cierges dessinant dans l'ombre, au milieu des plus somptueux ornements, de longs rubans de lumières et de vastes guirlandes de feu.

Puis, quand après la lecture du Bref pontifica'
proclamant la béatification, le moment fut
venu d'abaisser le voile, et qu'au chant du *Te
Deum*, au son de toutes les cloches, aux déto-
nations majestueuses du fort Saint-Ange, ce
pauvre de Jésus-Christ couvert de haillons
bénis, apparut bien haut dans une gloire
flamboyante, et quand cette immense multitude où se trouvaient avec tous les rangs du
peuple, toutes les sommités de l'Eglise et de
l'Etat, tomba soudain, par un mouvement
unanime, prosternée devant la représentation de cet homme de rien, tant méprisé pendant sa vie et devant un léger débris de ce
corps si misérable et si maltraité jadis ; en ce
moment, nous vous l'avouerons, N.T.-C.F., une
joie ineffable inonda notre âme, des larmes
abondantes s'échappèrent de nos yeux, un
frissonnement inconnu circula dans tout notre être, nous sentions que Dieu seul régnait
alors, comme il régnera seul au dernier jour :
Exaltabitur Dominus solus in die illa (Is. II, 11),
et il nous semblait que toutes ces cloches, que
tout ce canon, que toutes ces voix répétaient
à la terre et au ciel le nom de l'Archange :
Quis ut Deus, qui est semblable à Dieu, car

« le Seigneur a vraiment tiré l'indigent de la poussière et le pauvre de l'opprobre, pour le placer parmi les principautés et le faire asseoir sur un trône de gloire. »

L'Evêque d'Arras n'était point seul à représenter son diocèse à cette solennité qu'il a si bien décrite ; la famille du Bienheureux, Amettes, Boulogne, la France entière y avaient leurs délégués.

Outre le cardinal Villecourt ancien évêque de la Rochelle et résidant à Rome, la France était encore officiellement présente en la personne de son chargé d'affaires, le marquis de Cadore, entouré de ses attachés d'ambassade, du général de Goyon accompagné d'un grand nombre d'officiers français et de l'auditeur de de Rote, artésien lui aussi d'éducation, Mgr de la Tour d'Auvergne. Sur une estrade réservée avaient pris place autour de Mgr Parisis, avec deux prélats du diocèse, Mgr Haffreingue et Mgr Scott, les prêtres et fidèles de l'Artois et du Boulonnais qui avaient fait le pèlerinage de Rome pour ce grand jour. Nous signalerons encore parmi les laïques M. le Comte de Nédonchel, M. Abot de Bazinghem et M. Gros de Boulogne ; parmi les ecclésiastiques MM. les abbés Deseille et Pillain élèves du grand Séminaire d'Arras. On remarquait surtout près de l'autel le curé d'Amettes, M. Stanislas Decroix, qui depuis de longues années travaillait, avec une infatigable persévérance, à la cause de son saint compatriote et recevait en ce jour la première récompense de ses vaillants labeurs. Autour de lui se groupaient les membres de la famille du Bienheureux, tous appelés à une sainte vocation ; le frère Fortuné, des Ecoles Chrétiennes, la sœur Philomène, des filles de la Charité, l'abbé Flageollet sous-diacre, tous petits neveux du Bienheureux, et l'abbé Eugène Dumetz d'Amettes, allié à la famille Labre, supérieur du collège de Saint-Bertin, à Saint-Omer.

Si la solennité du matin, célébrée à St-Pierre, eût une majesté et une solennité incomparables, le Souverain Pontife Pie IX avait réservé pour le soir du 20 mai une cérémonie d'un caractère plus intime, mais aussi touchante.

Quand il vint, à pied, vers six heures de l'après-midi, vénérer dans la Basilique le pauvre de Jésus-Christ, que sa parole infaillible avait élevé le jour même aux honneurs de la

béatification, le Postulateur de la cause, lui
offrit d'abord les présents d'usage, une relique, un exemplaire de la vie du Bienheureux
et un bouquet que portaient les deux neveux
du nouveau béatifié et le curé d'Amettes. Mgr
l'Évêque d'Arras lut à genoux un admirable
discours en latin, où il laissait déborder de
son âme les sentiments de foi, de dévouement
et de bonheur qui la remplissaient. Le Souverain Pontife lui répondit dans la même langue, avec cette dignité et cette effusion de
cœur qui caractérisaient son éloquence. Il eût
aussi pour les membres de la famille du Bienheureux quelques paroles de conseil et d'affection.

Spectacle touchant qui dans cette fête intime donnait à l'église d'Arras, à l'humble village d'Amettes et à la famille du Bienheureux
selon la chair, un honneur et une récompense
qui ne doivent jamais être oubliés !

Le soir, des illuminations magnifiques,
comme Rome seule savait les organiser, firent
resplendir les rues de la cité sainte tant de
fois parcourues par le saint pauvre et spécialement l'église Notre-Dame des Monts, où il

avait passé tant d'heures en prière, celle des Franciscains dont il honorait le Tiers-Ordre et celle de Saint-Louis, l'église nationale de France.

Nous avons dit comment, à son retour de Rome, Monseigneur Parisis raconta les joies et les grandeurs de ces solennités. Il faut mentionner maintenant les fêtes d'Arras et d'Amettes qui accueillirent parmi nous les reliques du Bienheureux.

A la fin de son mandement du 21 juin 1860, Mgr Parisis déterminait le caractère du *Triduum* qui devait être célébré à Arras, les 15, 16 et 17 juillet.

« La relique insigne que nous avons obtenue du Saint Siège et rapportée nous-même de Rome, disait-il, — c'était le crâne du Bienheureux, c'est-à-dire la plus belle de toutes les reliques, — sera exposée au-dessus de l'autel majeur de la basilique de Saint Vaast, sur un trône élevé avec toute la splendeur que nous pourrons y mettre.

« Le Dimanche 15 juillet, à huit heures et demie précises, messe pontificale célébrée par Son Eminence Monseigneur le Cardinal-Arche-

vêque de Reims, en présence des vingt autres
archevêques ou évêques. (1)

(1) Ce nombre fut dépassé Vingt-quatre évêques à qui les meilleures
familles d'Arras tinrent à honneur d'offrir l'hospitalité répondirent
à l'invitation de Monseigneur Parisis. Parmi ceux qui ne purent s'y
rendre on nous permettra de mentionner Monseigneur de Ségur qui
s'excusa par la lettre suivante, datée de Paris, le 3 juillet 1860 :

CHER MONSEIGNEUR,

« La bonté affectueuse avec laquelle vous insistiez hier au soir, au
sujet d'un voyage à Arras, pour les fêtes du Bienheureux Labre, ne
me permettait guère de vous présenter que les difficultés qui s'opposent à un projet de ce genre, et je n'ai pas osé tirer la conclusion de
mes raisonnements. C'eût été par trop peu aimable devant une si aimable proposition. Plus courageux par lettre que de vive voix, je viens
vous demander de me permettre de demeurer modestement dans mon
petit coin et de ne m'unir que de cœur aux pompes religieuses de
ces trois belles journées. Outre l'inutilité de ma pauvre personne et
la fatigue extrême que me causent toujours les solennités, je crains
un peu que le Bienheureux Labre, qui est fort charitable, ne fasse
sur moi, ou plutôt contre moi, un petit miracle qui serait certainement fort avantageux pour la cause de sa canonisation, mais qui ne
le serait pas autant à celle de ma sanctification. Les parcelles de la
vraie croix sont rares et précieuses ; puisque la Sainte Vierge m'en
a donné une très insigne, je ne veux pas m'exposer à la perdre par
le fait de l'un de ses serviteurs.

« Veuillez me pardonner ce refus chrétien et nécessaire, votre invitation n'en reste pas moins pour moi un vif sujet de reconnaissance
à votre égard et me prouve une fois de plus, cher Monseigneur,
combien j'ai raison de vous entourer de la plus affectueuse vénération.

† L.-G. DE SÉGUR,
Chanoine Ev. du Chap. de St-Denis, »

« Après l'évangile, sermon par Sa Grandeur Monseigneur de Bonnechose, archevêque de Rouen.

« A deux heures, procession solennelle où seront portées avec pompe et de nombreux ornements symboliques, les châsses de sainte Berthe, saint Erkembode, sainte Berthille, sainte Isbergue, saint Bertin, saint Omer, puis, par les différentes corporations d'ouvriers, celles de saint Fiacre, saint Éloi, sainte Anne, saint Crespin, saint Pierre et saint Luc, puis enfin les grandes reliques conservées à la Cathédale, qui sont entre autres celles de saint Thomas de Cantorbéry, de saint Vidicien, des saints Ranulphe et Hadulphe, de saint Vaast et de saint Jacques le Majeur.

« On rappellera ensuite le souvenir de Notre-Dame des Ardents, puis l'image du Bienheureux sera conduite en triomphe et Nosseigneurs les Evêques marcheront derrière elle, suivis des autorités.

« Au retour de la procession, bénédiction solennelle du Très-Saint-Sacrement.

« Les deux jours suivants, messe pontificale

à neuf heures ; vêpres à deux heures ; sermon après *Magnificat*, puis salut solennel.

« Le lundi l'office sera célébré par Monseigneur l'Archevêque de Cambrai, notre métropolitain, le sermon sera donné par Monseigneur Plantier évêque de Nîmes.

« Le mardi, Monseigneur l'Archevêque de Sens sera l'officiant, et Monseigneur Pie évêque de Poitiers le prédicateur.

« Les deux premiers sermons traiteront de vérités générales analogues à la fête. C'est seulement le mardi que sera prononcé le Panégyrique du Bienheureux. Tel est dans sa généralité le programme des fêtes que nous devons célébrer à Arras, en l'honneur du Bienheureux notre compatriote, et qui ne seront que le reflet de celle du 20 mai à Rome.

« Vous vous y associerez tous, N. T.-C. F., soit par votre présence, soit au moins par vos prières.

« C'est une consolation ineffable pour la foi que de telles solennités, pour de telles vertus en un siècle comme le nôtre. »

Malgré le mauvais vouloir de l'administration, ce beau programme fut réalisé de point en point. La ville d'Arras et le diocèse dépassèrent même les nobles espérances de leur évêque et les fêtes des 15, 16 et 17 juillet resteront dans la mémoire de tous ceux qui en furent témoins, comme ayant été des mieux ordonnées, des plus spontannées et des plus grandioses parmi les manifestations de la foi an XIXe siècle.

Nous ne chercherons pas ailleurs encore que dans les mandements de Monseigneur Parisis le récit de ces solennités. Après en avoir été le plus intelligent promoteur et le témoin le plus heureux, il en fut encore le plus éloquent narrateur.

Voici la lettre pastorale qui sortit toute brûlante du cœur et de la plume du pasteur, au lendemain même de ces fêtes splendides :

« Vous avez été plusieurs fois les confidents de nos sollicitudes, N. T.-C. F., et vous vous y êtes toujours associés avec un empressement et une générosité que nous ne saurions trop reconnaître. Tout récemment encore vous avez connu nos peines et vous les avez partagées avec une pieuse et filiale sympathie. Il est donc bien juste qu'aujourd'hui nous vous fassions part des consolations vraiment ineffables qui viennent d'inonder notre cœur.

« Vous y avez particulièrement droit, chers habitants d'Arras, puisqu'après Dieu et vos excellents prêtres, c'est vous qui nous les avez procurées.

« Nous allons dire ce que vous savez, ce que vous avez vu dans vos murs, ce que vous avez fait de vos mains, mais c'est que nous voulons en même temps le raconter à d'autres qui ne l'ont pas vu ; parceque, comme le disait l'Apôtre aux Thessaloniciens, votre foi s'est vraiment surpassée elle-même ; que votre charité s'est montrée surabondante et qu'il est juste de vous en rendre hommage devant toutes les églises de Dieu, d'autant plus que vous aviez devant vous des préventions et des influences qui auraient pu être pour vous de sérieux obstacles. Et cependant que vos réunions ont été belles dans la maison de Dieu ! Quelle affluence et quel respect, quel empressement et quelle modestie !

« Il est vrai que la Basilique était revêtue de riches ornements et que, selon notre promesse, nous nous étions efforcés de faire aux Restes bénis de notre Bienheureux un trône étincelant d'or, de lumière et de fleurs, dans un splendide palais. Il est vrai encore que la parole sainte a été durant ces trois jours annoncée par les voix les plus augustes et les plus éloquentes, et que la majesté des cérémonies pontificales était encore rehaussée par l'expression puissante et la parfaite harmonie des chants. Cependant, nous ne craignons pas de dire que le complément le plus beau comme le plus indispensable de toutes ces magnificences était la multitude et la foi des fidèles.

« Au reste, vous savez bien, N. T.-C. F., que nos solennités n'ont pas toutes été renfermées dans le temple et que la plus éclatante de toutes ces nobles manifestations en l'honneur du Bienheureux, qui fut si pauvre ici-bas, a été la Procession extérieure du premier jour.

« Ici que dire et par où commencer? O mon Dieu que votre miséricorde a été merveilleuse pour nous, en ce jour mille fois béni ! Car c'est vous seul qui commandez au souffle des vents et qui présidez à la disposition des cœurs. Si donc, pendant ces heures solennelles, le ciel a été si serein et les volontés si favorables, c'est à vous que la gloire en appar-

tient, et que la reconnaissance doit en revenir d'abord, ô souverain Maître de la terre et
des cieux ! Grâces à vous, que de craintes
évanouies et que de douces surprises !

« On nous avait dit que des intentions mal-
veillantes viendraient agiter ces foules qu'aucune force publique ne devait contenir, et
voilà que dans son long parcours la cérémonie sainte n'a rencontré qu'un calme plein de
retenue, de déférence et d'affectueuse satisfaction.

« On nous avait dit que les rues de la cité
resteraient sans parure ou que la nudité de
nombreuses maisons protesterait contre un
genre de vertu que nos mœurs actuelles désa-
vouent, et voilà qu'au contraire tous les habitants s'étaient merveilleusement entendus
pour que la continuité des mêmes ornements
déployés dans chaque rue démontrât le plus
parfait accord, tandis que leur diversité dans
les quartiers divers révélerait une sainte émulation.

« Aussi que de charmes dans cette diversité !
Tantôt de longues draperies serpentant sur
la façade des demeures et les réunissant comme
une seule habitation de frères, tantôt de grâ-

cieuses guirlandes se jouant au-dessus des têtes et reliant les deux côtés du passage comme pour indiquer encore l'union dans un autre sens.

« Ici c'étaient des dômes transparents et presque vaporeux qu'un souffle léger balançait mollement et semblait seul soutenir ; là c'étaient des tentures princières et des voûtes majestueuses de pourpre et d'or.

« Partout, sur notre passage, depuis le pavé jonché de verdure jusqu'aux plus hautes fenêtres pavoisées au chiffre du Bienheureux, la ville avait revêtu un grand air de fête que nul ne pouvait plus ni voiler ni méconnaitre.

« Soyez donc bénis, ô nos chers fidèles d'Arras, pour ce concours si unanime, si intelligent et si pieux que vous nous avez prêté en cette circonstance unique dans vos plus belles annales. Mais qu'ils soient bénis aussi tous ceux qui ont contribué à la beauté du cortége !

« Cette brillante garde d'honneur si spontanément formée et si utilement dirigée en tête de la marche ; toutes ces corporations ouvrières portant avec une gravité si simple et si ferme la châsse de leur patron, habilement décorée par leurs soins. et les instruments de leur travail qu'ils consacraient ainsi publiquement à Dieu. Oh! quel intéressant spectacle et quel sujet d'édification ils ont offerts! Comme le soir ils ont dû rentrer heureux au sein de leurs familles, grandis et sanctifiés par cette haute profession de foi!

« Qu'elles reçoivent aussi nos félicitations particulières, les paroisses qui nous ont envoyé de loin leurs reliques et le cortège spécial qui devait les entourer. Blangy, Hauteville, Carvin, Marœuil, Sainte-Isbergue, Aire-sur-la-Lys, Saint-Omer, nous voudrions pouvoir décrire ici toutes vos splendeurs, depuis les habits pittoresques des bergers de saint Druon jusqu'aux longs vêtements des vierges qui formaient la couronne de sainte Isbergue. Ah! vous aurez une place marquée dans les récits de cette grande fête, mais vous en aurez une aussi dans les bénédictions divines qu'elle doit attirer sur nos contrées. Oh! non, tant de fatigues volontaires, tant de dépenses onéreuses ne seront pas perdues devant Celui qui ne laisse rien sans récompense!

« Que dire maintenant des honneurs rendus aux reliques insignes qui sont avec celles de

notre Bienheureux Labre, le trésor principal
de notre glorieuse Basilique. Comment décrire tous ces chants religieux, toutes ces
musiques retentissantes se succédant pendant
la marche, et de loin se croisant dans les airs.
Comment représenter tous ces emblêmes,
tous ces trophées, tous ces monuments, tous
ces costumes si pleins d'enseignements et de
souvenirs !

« Il ne nous appartient pas, N. T.-C. F., de
dire, ni si ce vaste ensemble avait quelque
harmonie dans sa variété continuelle, ni si
ces trois mille personnes organisées en groupes, ont marché constamment avec ordre et
convenance ; d'autres ont bien voulu le
remarquer. Mais ce que nous nous plaisons à
proclamer très-haut, c'est d'abord que si ce
bel ordre est dû à une intelligente et active
direction, il est dû aussi beaucoup à la douce
et religieuse docilité de tous ceux qu'il y avait
à conduire ; c'est ensuite, que si nous avons
trouvé tout près de nous des ressources précieuses pour tant d'ornements divers, nous
en avons trouvé surtout dans le zèle des maisons d'éducation et des communautés religieuses de la ville. C'est de là que nous est

venu ce qu'il y avait de plus délicat, de plus
élégant et de plus riche. Oh ! que ne pouvons-
nous ici encore décrire, et ces travaux déli-
cieux où l'art inspiré par la foi semblait avoir
épuisé ses prodiges, et ces parures éblouis-
santes que, dans leur angélique et grave
modestie, paraissaient oublier les pieuses
enfants qui les portaient.

« Mais il faut bien le reconnaître, N. T.-C. F.,
le plus grand, le plus beau, le plus riche ornement de cette pompe chrétienne, c'était la
présence des vénérables et nombreux prélats
qui la présidaient et la terminaient.

« Quel éclat saisissant ! quelle puissance
morale ! quelle incomparable majesté que ces
vingt-trois évêques, marchant l'un après
l'autre, entourés de leurs assistants et portant
les insignes de leur dignité! Aussi comme la
foule déjà si respectueuse se recueillait
encore à leur approche ! comme elle s'agenouillait ou s'inclinait profondément sous
leurs mains bénissantes, et comme toute la
ville se sentait fière de posséder de tels hôtes !
Oh ! nous sommes bien sûr, N. T.-C. F., que
tous avec nous vous demeurerez profondément reconnaissants du souverain honneur

7*

que ces illustres prélats ont daigné nous faire ; que vous conserverez précieusement le souvenir des grands exemples qu'ils nous ont donnés et des sublimes enseignements que plusieurs d'entre eux nous ont fait entendre, enfin que vous prierez Dieu de les récompenser du bonheur qu'ils sont venus nous apporter.

« Pour nous, N. T.-C. F., ce bonheur a été tel que nous ne saurions l'exprimer et que notre vie entière sera trop courte pour en rendre toutes nos actions de grâces à l'Auteur de tout bien.

« O Bienheureux Benoît-Joseph, nous croyons fermement que nous devons ce bonheur surtout à votre intercession spéciale ! daignez donc, nous vous en conjurons, prendre entièrement sous votre protection puissante ce diocèse où vous avez, au siècle dernier, reçu la vie selon la nature et selon la grâce, où vos vertus ont fleuri comme des lys purs au milieu des épines de cette époque malheureuse, et qui, maintenant, jusqu'à votre entière glorification en ce monde, jouit seul du privilège de pouvoir vous honorer d'un culte public.

« Ecoutez les nombreuses prières que l'on vous y adresse ; faites qu'elles soient toutes exaucées non pas selon les idées de la chair et du sang, mais selon les vrais intérêts des sociétés chrétiennes et du salut des âmes. »

Amettes, compléta, le 19 juillet, la série des fêtes de la béatification. Malgré la pluie et la difficulté des chemins, près de vingt mille pèlerins dont plus de deux cents prêtres se portèrent en ce jour, de tous les points du Pas-de-Calais et du Nord, vers ce village béni qui recevait en triomphe les reliques de l'un de ses enfants.

Trois hommes, qui avaient travaillé dans une large mesure au succès de la cause du Bienheureux, s'étaient donné rendez-vous dans son village natal. C'étaient l'infatigable promoteur Virili, l'éloquent avocat Mercurelli, et le savant auteur de la vie du Bienheureux, M. Desnoyers. Mgr Scott, leur faisait avec M. Decroix les honneurs de cette troisième fête. Une procession avait été organisée pour aller chercher les reliques à la chapelle Crespin et les introduire solennellement dans l'église d'Amettes. Cette marche triomphale, avec vingt mille hommes pour

escorte présentait un spectacle grandiose tel
que notre sainte religion seule en peut
donner. Le P. Virili portait le reliquaire : ce
noble vieillard devait être à l'honneur, lui
qui pendant tant d'années avait été à la
peine. Le panégyrique fut prêché par le
P. Desnoyers du haut d'une chaire élevée
dans le cimetière.

Du pied de cette chaire la vue des pèlerins
s'étendait sur le domaine patrimonial des
Labre et sur la maison de naissance du Bienheureux et ces lieux témoins des premières
vertus du héros de la fête ajoutaient leur com-
mentaire aux éloquentes paroles de l'orateur.
Du haut d'une estrade très-élevée et adossée
à l'église, la bénédiction du Saint-Sacrement
fut ensuite donnée à l'immense foule des pèlerins.

Désormais, le pèlerinage d'Amettes était
établi, il avait reçu la plus belle inauguration
qu'on pût imaginer ; le culte de notre Bienheureux, obligé de se réduire à n'être que
privé, par les nécessités de la procédure,
pouvait se produire au grand jour et répondre aux sentiments longtemps comprimés
de nos fidèles populations,

XI.

LE CULTE DU BIENHEUREUX.

Quand le culte de notre Bienheureux, approuvé par le Saint-Siège, put librement se manisfester dans l'Eglise, le monde chrétien tout entier s'empressa de rendre hommage au nouveau saint. Les fidèles des contrées les plus lointaines se hâtèrent de réclamer ses reliques et ses images : les élèves du collège de la Propagande qui arrivent à Rome des extrémités les plus opposées, pour en revenir missionnaires, ceux des collèges de l'Amérique, de l'Angleterre, de la Grèce, de la Belgique, s'en retournèrent dans leur pays natal émerveillés de la piété des Romains envers le pauvre et saint pèlerin, édifié sur les grâces de toute sorte qu'il obtenait, et disposés à se faire partout ses apôtres. Par ce moyen, on peut dire qu'en quelques années, le culte de notre Bienheureux fut universel. Mais Rome, la France,

Amettes surtout, en restèrent naturellement les centres privilégiés.

Rome avait donné la mesure de sa dévotion envers notre Bienheureux dans la splendide fête du 20 mai 1860 ; pour n'avoir pas eu l'occasion de se manifester depuis lors avec autant d'éclat, sa piété envers son fils et son saint d'adoption n'en reste pas moins fidèle et fervente. Le portrait du saint pauvre est peut-être de tous le plus populaire et celui qu'on retrouve le plus fréquemment dans les habitations romaines, surtout dans la chambre des pauvres et des ouvriers. L'église et le quartier de N.-D. des Monts sont plus particulièrement pleins de son souvenir. Au pied de l'autel qui renferme maintenant sa précieuse dépouille, sur la dalle au-dessous de laquelle il fut d'abord enseveli, au Colysée, où notre Bienheureux a maintenant son autel et sa statue, il est rare de ne point rencontrer quelqu'homme du peuple, quelque pauvre femme, à genoux et réclamant avec ferveur son intercession. Mais c'est surtout quand reviennent les glorieux anniversaires de sa mort et de sa béatification que la ferveur populaire redouble et que ses serviteurs se multiplient.

De nombreux miracles du reste, attribués à son intercession, et que proclament, à défaut d'autre témoignage, les ex-voto qui entourent son autel de N.-D. des Monts, ravivent cette piété et préparent pour le jour heureux de la canonisation une nouvelle explosion de confiance et de vénération.

La France, qui avait reçu de Rome le précieux dépôt d'un certain nombre de reliques, honora son illustre pèlerin d'un culte tout spécial.

Notre ville d'Arras ne borna pas ses hommages au magnifique triomphe des solennités de la béatification. Quand la relique qu'elle devait à la munificence du Souverain Pontife, aux mérites singuliers de son Evêque et à son caractère de chef-lieu du diocèse, fut entrée dans le riche trésor de sa Cathédrale, elle lui donna une place de choix, au pied du calvaire vénérable qu'honore depuis des siècles la piété artésienne. Au-dessus d'un œdicule gracieux ou fut renfermé la relique du Bienheureux, sa statue appela bientôt et vit à ses pieds de nombreux pèlerins, qui après la croix traditionnelle vénéraient le fils adoptif de la ville épiscopale.

Une neuvaine solennelle fut organisée, et, pendant plusieurs années, les paroisses et les communautés de la ville et du voisinage vinrent en corps rendre hommage au Bien-heureux, en même temps qu'au célèbre cal-vaire. D'éloquents prédicateurs se firent entendre dans cette circonstance, et l'on nous permettra de signaler particulièrement le P. Codant, connu depuis par d'autres stations non moins célèbres, et qu'enlevait naguère à l'Eglise une mort prématurée.

Moulins, qui a eu l'honneur de posséder le Bienheureux pendant plusieurs mois, lui a dédié une chapelle dans sa Cathédrale, et l'honore d'un culte tout spécial.

Plusieurs autres diocèses du centre et du midi où la tradition de son passage s'est pieusement conservée, et où sa présence même a été marquée par quelques faveurs extraordinaires, lui ont voué un souvenir reconnaissant.

Le village d'Amettes devenu, dès avant la Révolution, le pieux rendez-vous d'une foule de pèlerins et qui, pendant la première moitié de ce siècle, ne cessa de les voir affluer dans son église et dans la maison du Bienheureux, avait dignement inauguré, le 29 juillet 1860, la série de ses pèlerinages solennels. Ils continuèrent depuis lors avec un élan et une piété admirables.

Ces sentiments furent bientôt bénis et récompensés du ciel. Dès l'année suivante, un enfant de Bours-Maretz, Lucien Boutillard, perclus de tous ses membres, par suite d'un ramolissement de la moëlle épinière, et apporté par ses parents à Amettes, y trouvait un commencement de guérison assez sensible pour pouvoir venir, après six semaines, à pied et bien portant, remercier son bienfaiteur.

Une guérison plus retentissante, également attribué à notre Bienheureux, est celle du zouave pontifical, Arthur Guillemin.

Nous empruntons le récit de cette guérison extraordinaire à la plume exercée de M. Léon Guillemin, directeur de *l'Echo de la Lys* et frère d'Arthur Guillemin.

« Blessé d'un coup de baïonnette en pleine poitrine et laissé pour mort sur le champ de bataille de Castel-Fidardo, Arthur Guillemin avait été condamné·par la médecine italienne.

Soutenu par une énergie surhumaine et voulant mourir au moins dans sa ville natale, près de sa mère, le courageux malade était arrivé à Aire, le 20 octobre 1860, à dix heures du soir.

On dût le soutenir pour le faire entrer. Arrivé au terme de son voyage, son énergie s'était brisée, il fallut le porter au lit qu'il ne devait quitter que six semaines après.

La maladie avait exercé de terribles ravages ; le médecin, après quelques jours, jugea le malade perdu à bref délai, mais, afin de couvrir sa responsabilité, il demanda une consultation. On choisit pour consultant M. le docteur Delpouve, de St-Omer, et je partis, malgré la neige et le froid, le soir même. Ne sachant où demeurait M. Delpouve, je dus m'adresser à M. l'abbé Dumetz, supérieur de la maison de St-Bertin, notre ami et l'ancien directeur d'Arthur. M. Dumetz m'accompagna chez le docteur, me ramena souper, et avant mon départ, me remit un cadre renfermant des reliques du Bienheureux Benoît Labre, auquel il était attaché

par des liens de parenté : « Emportez cette
relique, me dit-il, et faites commencer une
neuvaine, je suis sûr que votre frère guérira. »

Coïncidence bien frappante ! A l'heure
précise, au moment même où M. l'abbé
Dumetz remettait ce cadre, Arthur s'écriait
subitement, de son côté, qu'il s'étonnait
qu'on ne priât point pour lui le Bienheureux
Labre ; il avait vu à Rome les fêtes de sa
béatification et il avait en ce saint, ajoutait-
il, la plus grande confiance.

Cette confiance, encore affermie par l'arrivée inopinée de la relique, était bien nécessaire, car la consultation eût pour effet de
confirmer tous les pronostics du médecin
d'Aire ; la pleurésie, de plus en plus marquée, ne pouvait avoir qu'un prompt dénoue-
ment.

De fait, les crises se multiplièrent de plus
en plus, et malgré la première neuvaine, la
guérison n'apparaissait guère. Une nuit, la
religieuse qui gardait le blessé courut réveiller sa mère afin qu'elle pût lui adresser
un dernier adieu. La réponse de la mère fut
une seconde neuvaine, puis une troisième.

Sur ces entrefaites, l'honorable M. de Puisy, d'Amiens, voulut faire examiner le zouave potifical mourant, par son médecin, M. d'Hautcœur, un des éminents praticiens d'Amiens. M. Delpouve, fut de nouveau appelé, et cette fois les trois médecins trouvèrent le malade dans un tel état, l'auscultation donna des résultats si tristes, que l'avis fut des plus sinistres. Un prêtre, ami de la maison, fut chargé de prévenir au plus vite la mère qu'elle se préparât à recevoir, dans quelques heures probablement, le dernier soupir de son fils. M. Delpouve, en rentrant à St-Omer, donna cette fâcheuse nouvelle à M. l'abbé Dumetz, qui n'en voulut rien admettre : « Non, s'écriait-il, il guérira, il est impossible que le Bienheureux le laisse mourir. »

De son côté, la mère avait son héroïsme de femme. Sa réponse au terrible avertissement qu'on lui donnait fut très-simple : « Il ne mourra pas, dit-elle, Dieu est plus fort que les médecins. » Arthur, lui, ne paraissait pas avoir le moindre doute. Au sortir d'une crise où il eût dû rester, il prédisait tranquillement que dans deux jours, le 8 décembre, fête de l'Immaculée-Conception, Benoît Labre le guérirait.

Cette confiance devait être récompensée de point en point. Le 8 décembre, le malade déclara qu'il voulait manger du poulet. Le médecin le laissa faire, de crainte de le contrarier. Huit jours après, il reprenait des forces et de la chair, dont il avait bien besoin. Le jour de Noël, il se levait, enfin, un mois plus tard, il grimpait en voiture, à jeun, et s'en allait communier à Amettes, où il déposait en souvenir son portrait. On peut l'y voir encore en ex-voto, orné d'un cadre magnifique dont une personne dévouée au Bienheureux a voulu entourer l'humble photographie du caporal des zouaves pontificaux. »

Quand le vénérable curé, M. Decroix, âgé de 78 ans, se sentit impuissant à supporter les fatigues croissantes de son ministère et se fut retiré dans la maison même du Bienheureux, Monseigneur Parisis crut devoir confier la cure d'Amettes à une société religieuse ; les pères Maristes répondirent à son appel et deux d'entre eux furent installés à Amettes, l'un comme curé et l'autre avec le

8

titre de vicaire. Sous la pieuse et intelligente
direction des pères Maristes qui se succédèrent et grâce à la protection toujours large
et généreuse dont les couvrit l'autorité épiscopale, les œuvres religieuses prirent, à
Amettes, le développement que comportait
la destinée de cet heureux village. Le presbytère se renouvela et s'agrandit ; l'église
ajouta à son ancienne nef un prolongement
magnifique et gracieux, une maison de reli
gieuses Augustines tout à la fois enseignantes
et hospitalières s'éleva et devint prospère.

Pendant que son village natal se transfor-
mait ainsi, notre Bienheureux continuait à y
multiplier les marques visibles de sa singulière protection.

En 1862, un enfant de Calais, Eugène
Delattre est deux fois ramené, pour ainsi
dire, des portes du tombeau, à Amettes
même, par l'intercession du Bienheureux.

La même année, une jeune fille de Lille,
Elisabeth Ghislain, condamnée par trois médecins, est guérie au dernier jour d'une
neuvaine, en l'honneur du Bienheureux, et
vient à Amettes, le 17 août, remercier son
protecteur.

L'année 1863 est marquée par des faveurs non moins éclatantes. Un jeune homme d'Essars, atteint de paralysie, et obligé, depuis cinq ans, de se soutenir avec des béquilles, a été guéri au retour de son sixième pèlerinage à Amettes. Quinze jours plus tard, le 19 juillet, il envoyait à Amettes un ex-voto, pour témoigner sa reconnaissance, et ses béquilles devenues inutiles.

Quelques mois plus tard, une femme d'Estaires, Rosalie Bourdon, qui éprouvait de vives douleurs dans les genoux, à la suite d'une chûte, et qui avait été traitée, dix-huit mois durant, par deux médecins, sans éprouver aucun soulagement, mit de côté tout remède naturel et vint à Amettes, se recommander à l'intercession du Bienheureux. Elle y retourna à trois reprises, fit et fit faire plusieurs neuvaines et finalement se sentit radicalement guérie. Six mois après, au mois de mai 1864, elle envoyait ses béquilles en ex-voto.

L'année 1864 est remarquable surtout par les guérisons obtenues en Flandre où la dévotion au Bienheureux est peut-être plus grande que partout ailleurs. Une femme appelée Eusébie

Vanoost, qui avait eu la jambe cassée en plusieurs endroits, était restée infirme et ne pouvait plus se traîner autrement qu'avec deux bâtons. Elle fait une neuvaine au Bienheureux au mois de juin, quinze jours plus tard, elle marchait facilement et faisait son ménage.

Une petite fille de neuf ans, Marie Vandeengkel, de Fleurbaix, qui avait depuis longtemps des taches dans les yeux et ne voyait presque plus, vient en pèlerinage à Amettes avec son père, lé 29 août 1864. Le premier jour de la neuvaine sa vue s'améliore, à la fin, elle était totalement guérie. Son père et sa mère ont laissé dans l'église d'Amettes le témoignage de leur reconnaissance.

Un employé des douanes de Steenwoorde, Louis Deneesles, était tourmenté depuis plusieurs années de douleurs rhumatismales, et en était réduit à ramper au lieu de marcher. Il fit une neuvaine de prières dans l'octave de la Toussaint qui le soulagea, et, en janvier 1865, commanda à Amettes une neuvaine de messes à la suite de laquelle il put reprendre son service de nuit comme de jour.

Une journalière de Steenwoorde encore, Eugénie Vanaecker avait au palais une tumeur chancreuse, grosse comme la moitié d'un œuf, qui l'empêchait de manger et même de remuer la langue. Les choses en étaient venues à ce point que la pauvre femme dépérissait à vue d'œil. Une neuvaine au Bienheureux et la promesse de réciter en son honneur cinq *Pater* et cinq *Ave* chaque matin, avant de prendre aucune nourriture, pendant tout le reste de sa vie, valurent à Eugénie Vanaecker, d'abord une amélioration notable bientôt une complète disparition de la tumeur.

Les faveurs accordées par l'intercession du Bienheureux se continuent en 1865. Il faut signaler d'abord celle qu'obtient Henri Traisnel de Vieux-Berquin. Une dyssenterie chronique et rebelle à tous les remèdes le minait depuis un an, et il était extrêmement affaibli, lorsqu'il eût la pensée de se traîner jusqu'à Amettes, pour demander sa guérison au Bienheureux. Après avoir prié quelque temps, il éprouva un mieux sensible suivi bientôt d'une guérison complète. Il revint deux ans plus tard en pèlerinage, ses forces étaient recouvrées et il avait repris son travail ordinaire.

Au mois d'août de la même année, on signale la guérison de Reine Spanuydt que la fièvre avait éprouvée durant quatre mois et qui recouvra la santé à la suite d'une neuvaine de messes qu'elle avait demandées à Amettes. Une autre guérison, celle d'Augustin Couvreur, qui avait à la jambe une plaie rebelle à tous les remèdes et la vit disparaître à la suite du pèlerinage de sa mère et de son frère élève au grand séminaire d'Arras, eût encore lieu la même année.

Nous ne signalerons plus, car il faut nous borner, que la guérison de Madame Debrus, née Colpaert, de Bailleul, au mois d'août 1866, d'une grave maladie de cœur accompagnée de vomissements de sang ; celle du comte de Becdelièvre, commandant des zouaves pontificaux, qui, malade de l'estomac et ne pouvant plus supporter aucun aliment, vint à Amettes, le 2 septembre 1867, remercier le Bienheureux de l'en avoir délivré ; enfin la protection accordée pendant l'invasion prusienne de 1870

à un riche propriétaire de l'Oise qui, en s'éloi-
gnant, avait confié sa maison et son mobilier
à la garde du Bienheureux.

On présume bien que cette série de grâces
merveilleuses favorisa encore le développement du pèlerinage d'Amettes et multiplia le
nombre des pieux solliciteurs. Ce fut surtout
après les terribles événements de 1870 et de
1871 que le concours des pèlerins fut immense
et qu'Amettes devint comme le rendez-vous
des fidèles du Nord de la France. Le pèlerinage
de 1873 marqua entre tous par sa solennité. Il
fut organisé pour remercier Dieu du décret pontifical qui venait d'assurer la canonisation du
Bienheureux, protester contre les blasphèmes
de la presse incrédule qui avait attaqué ce
décret, et prier à la fois pour la délivrance du
Souverain Pontife, le triomphe de l'Eglise et
le salut de la France.

Pendant qu'un comité diocésain, institué sous la présidence de M. Louis Cavrois,
prenait avec autant d'intelligence que de zèle
les dispositions nécessaires pour favoriser
l'exécution matérielle du pèlerinage, une
lettre éloquente et chaleureuse, adressée par
Mgr l'Evêque d'Arras à son clergé, appelait

le diocèse tout entier à cette éclatante mani-
festation.

La voix de l'évêque fut comme toujours
entendue et le zèle de la commission porta ses
fruits. La journée du 7 juillet 1873 fut une
des plus belles de notre histoire diocésaine.

Trois évêques, un millier de prêtres, plus
de trente mille pèlerins étaient réunis ce jour
là dans l'humble village d'Amettes. Après
des communions sans nombre, la messe fut
célébrée en plein air par l'heureux évêque
d'Arras, qui n'avait voulu céder à personne
cette sainte fatigue et ce suprême honneur.
L'Evêque de Limoges, alors Mgr Duquesnay,
(1) avec une voix que Dieu semble avoir faite
pour de pareils auditoires expose la raison
d'être des pèlerinages, recueille les grandes
leçons que donne celui d'Amettes au point de
vue de la foi, de la mortification et de l'amour
de Rome, et termine par de magnifiques acclamations que répète avec élan son immense
auditoire. La procession de l'après-midi. un
discours plein d'éclat et d'onction de Mgr
Lequette et la bénédiction pontificale donnée

(1) Notre Bienheureux a voulu, depuis, le rapprocher de nous.

à la fois par NN. S.S. de Limoges, de Lydda et d'Arras terminèrent dignement cette splendide cérémonie.

Le pèlerinage d'Amettes avait reçu sa consécration difinitive en 1873 et les populations continuèrent à s'y porter les années suivantes avec une véritable sympathie.

La neuvaine de 1874 eût encore sa grande fête le 24 juillet. Ce jour-là, Mgr Lequette reparut au milieu d'Amettes qui s'était paré pour le recevoir de guirlandes et d'oriflammes; plus de deux cents prêtres et de cinq mille pèlerins entourèrent encore leur évêque pour honorer avec lui le Bienheureux. Après la messe en plein air, l'infatigable pontife prononça lui-même un émouvant panégyrique de celui que Dieu a tiré de la poussière pour le placer parmi les princes de son peuple. Il montra que l'opposition à l'esprit du monde, la mortification et la fidélité à la prière avaient été les trois moyens dont notre Bienheureux s'était servi pour arriver à la sainteté.

En 1875, pour n'avoir pas eu de solennité particulière, la neuvaine en l'honneur du Bienheureux n'en fut pas moins suivie avec une grande piété et par un grand nombre de fidèles. Un attrait de plus se présentait aux pèlerins, c'était la maison de famille des Labre, qui avait repris son aspect d'autrefois, par une intelligente restauration.

La neuvaine de 1876, du 19 au 27 juillet, fut encore inaugurée par Monseigneur Lequette en personne, et elle vit se renouveler les pieuses visites des nombreuses paroisses de la contrée, qui viennent annuellement rendre hommage au Bienheureux, embellir sa procession, entendre ses enseignements et se retremper à l'aspect des lieux qui rappellent ses mâles vertus.

L'érection solennelle des stations d'un chemin de croix fut le principal événement de la neuvaine de 1877. La cérémonie fut présidée, comme toutes celles dont Amettes fut le théâtre, par Mgr l'évêque en personne. Avec son éloquence accoutumée, il fit ressortir les enseignements de la croix, ce livre sublime où notre Bienheureux était si fidèle à lire, le soir surtout, quand il se retirait dans cette antique arène du Colysée transformée en chemin de la croix.

La piété des fidèles et leur généreux empressement à suivre les exercices de la neuvaine du Bienheureux ont continué depuis trois ans, en dépit des difficultés des temps, des excitations de la mauvaise presse et de la fatigue qu'amènent involontairement la répétition du même voyage et l'absence de tout attrait humain. Il semble même que la crainte instinctive des calamités qui peuvent menacer la France et l'Eglise excite la dévotion du peuple et le pousse à se serrer autour de celui qui, sorti de ses rangs, semble devoir être ici-bas comme au ciel son protecteur.

Ce n'est plus Amettes seulement, du reste malgré ses attraits singuliers, qui attire les dévots du saint pèlerin, les villes qui comme Arras ont le bonheur de posséder ses saintes reliques exposées annuellement à la vénération des fidèles, les villages comme Erin et Conteville qu'il a habités, et où une piété intelligente a ravivé son culte et remis en honneur tout ce qui rappelle son souvenir, une foule d'autres sanctuaires dont les pasteurs et les fidèles lui son attachés par des liens de reconnaissance, lui ont élevé des statues ou dédié des autels.

De tous les coins du diocèse, de chaque

foyer chrétien d'Artois et du Boulonnais pour ainsi dire, s'élève quotidiennement vers notre Bienheureux, un souvenir, une prière, une marque de fraternelle vénération.

Dieu entende cette supplication de tant d'âmes ferventes ; qu'il l'étende aux âmes tièdes et indifférentes et que la dévotion au Bienheureux, si propice déjà à son village natal aux jours néfastes de la grande tourmente révolutionnaire, le devienne davantage encore à nos contrées qui sont son apanage : elle fait leur principale gloire aux yeux de l'Eglise universelle, qu'elle soit, aux jours mauvais, leur plus assuré palladium !

XII.

LA REPRISE DE LA CAUSE.

Il y avait un an, à peine, que les fêtes de la béatification étaient passées, lorsque l'infatigable postulateur sollicita la reprise de la cause de son illustre client, en vue de la canonisation. L'avocat Mercurelli se fit l'interprète éloquent des désirs de l'Église et il montra combien il était opportun d'opposer, à l'orgueil du siècle et aux vanités du monde, un si merveilleux exemple d'humilité et de détachement. Il emprunta même à cet effet les admirables paroles prononcées, dans notre cathédrale d'Arras, par l'éloquent évêque de Poitiers, lorsqu'il disait : « Le naturalisme, comme un fleuve qui a brisé ses digues, allait engloutir la terre : un humble serviteur de Dieu s'est levé pour repousser le torrent dévastateur : Benoît Labre a planté sur le sol son bâton de pèlerin et le flot s'est arrêté et le naturalisme a fait un pas en arrière. »

Afin de répondre à la piété croissante des

fidèles, aux signes nouveaux par lesquels Dieu manifestait sa volonté, aux vœux communs des peuples et des pasteurs, et aux besoins des temps, la Sacrée-Congrégation proposa et le Souverain Pontife approuva la reprise de la cause, en mars 1861.

Pour mener à bonne fin ses ardentes démarches en faveur de la canonisation prochaine, l'infatigable postulateur Virili fit, en 1869, un nouvel appel à la charité des évêques de France. Le diocèse d'Arras était engagé d'honneur à donner le concours le plus sérieux à une cause qui l'intéressait plus que tout autre. C'est ce que son évêque lui fi entendre avec autant de zèle que de gracieuse délicatesse.

La circulaire de Monseigneur Lequette, en date du 19 septembre 1869, rappelait avec une émotion touchante les grandes fêtes de la béatification, glorifiait avec bonheur les élans extérieurs d'une dévotion qui se dilatait sans cesse, et appelait le couronnement légitime d'une sainteté si extraordinaire, par la gloire suprême de la canonisation.

Le diocèse d'Arras répondit, avec sa générosité accoutumée, à cet appel de son pasteur bien-aimé et, en allant prendre rang parmi les pères du Concile du Vatican, l'évêque de Benoit-Joseph Labre mit, pour quelques années, la cause de son illustre diocésain à l'abri du besoin.

La commission romaine nommée à cet effet avait surtout à s'occuper des nouveaux miracles, que le Postulateur apportait à l'appui de sa demande. On en choisit deux, l'un qui s'était produit à Rome même et l'autre à Monte-Falco.

Thérèse Massetti, née à Rome, en 1816, avait atteint l'âge de quarante ans, malgré une santé fort chétive, lorsqu'elle commença à ressentir au sein de vives douleurs. Trois médecins furent appelés pour soulager la pauvre malade et découvrirent que ses douleurs provenaient d'un chancre à la mamelle droite, qu'il fallait enlever par le fer. Un quatrième médecin, le célèbre professeur Cajétan Tancioni, fut appelé en consultation. L'amputation fut décidée et elle se fit au commencement de mai 1859. Le résultat de l'opération fut aussi heureux que possible ; toutefois les médecins épargnèrent la mamelle gauche, déjà malade aussi, dans la crainte qu'une double opération ne laissât la patiente entre leurs mains.

Mais le chancre, qui avait jeté des racines profondes, reparut en moins d'un an, avec des douleurs et un caractère d'une gravité plus grande. Un des médecins annonça qu'il fallait absolument recourir à une nouvelle amputation ; les autres conclurent que cette opération était impraticable et le docteur Tancioni assura qu'elle n'aurait pour résultat que d'accélérer la mort.

La mort s'annonçait donc comme une issue nécessaire et prochaine, et déjà la pauvre malade en portait les signes par tout son corps, lorsque, dans cet abandon de toute espérance humaine, elle se tourna vers le Bienheureux Benoît-Joseph Labre. Sa prière était d'autant plus ardente que son horreur pour une nouvelle amputation était plus grande. Son médecin lui-même l'engagea, à la veille de la fête de la béatification, à s'adresser résolûment au Bienheureux.

Vint alors la grande journée du 20 mai 1860. Elle se fit transporter quand même à la Basilique vaticane où sa nièce et plusieurs autres parents l'accompagnèrent. On présume l'ar-

deur de ses prières durant la cérémonie. Elle
en avait presque perdu le sentiment, lorsque
fut découverte l'image du Béatifié. Sa jeune
compagne l'ayant avertie, elle s'empressa de
fixer les yeux sur cette image bénie et c'est
durant cette sorte de contemplation que ses
douleurs disparurent tout à coup ; elle porta
la main à sa poitrine, la comprima sans la
moindre souffrance, lorsqu'auparavant le
simple contact d'une plume lui était insuppor-
table. Ses forces étaient revenues, son corps
redressé ; la joie brillait dans ses yeux et sur
ses traits. Après avoir dîné de bon appétit, elle
revint au Vatican pour la cérémonie du soir
et y passa sa journée en prière. Elle put s'en
retourner à pieds, et d'un pas agile, après
quoi elle s'assura, en regardant sa poitrine,
que le chancre avait totalement disparu. Depuis lors le mal n'est aucunement revenu.

Pour constater ce miracle, dont nous empruntons le récit au rapport de l'avocat Hilaire
Alibrandi, le cardinal Patrizi nomma une
commission composée de trois évêques ; dix-
huit témoins comparurent avec la miraculée
elle-même ; le promoteur Pierre Minetti fut
entendu à différentes reprises et, après une

savante étude chirurgico-médicale du docteur Alexandre Ceccarelli, la Sacrée-Congrégation se prononça en faveur du miracle, le 31 août 1867.

Le miracle de Monte-Falco ne fut pas moins éclatant. C'est la sœur Marie Louise de l'Immaculée-Conception, religieuse professe du monastère du Divin-Amour, qui en fut l'objet.

Il semble que la sœur Marie-Louise était née avec le germe de la maladie dont notre Bienheureux la devait guérir. Son père, en effet, souffrait de l'estomac et sa mère mourut d'une gastrite. Elle-même, dès son plus jeune âge, était éprouvée par des douleurs d'estomac et de fréquents vomissements, qui ne firent que se multiplier avec les années. La vie religieuse qu'elle embrassa à 21 ans, était plus propre à augmenter qu'à diminuer ses souffrances. Cette vie, en effet, ne fut qu'une série de douleurs croissantes, suivies de phénomènes graves, qui annonçaient un squirre.

A force de volonté, la sœur était néanmoins parvenue à faire sa profession religieuse, le 26 août 1860, lorsqu'au mois d'octobre, elle se trouva dans l'impossibilité de prendre ni

nourriture ni boisson. Les phénomènes devinrent même tellement graves que la sœur
infirmière la supplia, comme ressource suprême, de recourir au Bienheureux, dont l'image
était du reste attachée à la muraille de sa
chambre. La malade impatiente s'y refusa d'a-
bord, mais quand l'infirmière fut sortie pour
aller au chœur, après avoir fermé la fenêtre
de la cellule, elle se repentit de sa vivacité,
implora humblement le Bienheureux et s'as-
soupit.

Voici qu'au milieu du silence général,
lorsqu'on n'entendait que le chant lointain des
religieuses, apparaît à la malade l'image d'un
jeune saint, la figure animée d'un céleste
sourire, et entouré d'une auréole lumineuse.
Il dit qu'il était Benoît-Joseph, lui marqua
le front, l'estomac, et le ventre d'un signe de
croix, lui annonça qu'elle était guérie, lui
donna quelques avis salutaires et disparut
entouré d'anges, au milieu d'une nuée brillante.

La religieuse stupéfaite cherche des yeux
et de la main si tous les signes de maladie
ont en effet disparu; il n'en reste aucun. Son
estomac est libre : plus de tumeur, plus de

poids. Elle se lève, va audevant de l'infirmière, appelle l'abbesse, raconte sa guérison, descend au réfectoire, y prend le repas de communauté qui était loin d'être léger, et depuis, dort, marche, travaille, jeûne, remplit tous ses devoirs de religieuse, en excellente santé.

Ce deuxième miracle ne fut pas étudié avec moins de sollicitude que le permier. L'enquête de Monte-Falco se termina le 17 mai 1866. Les années suivantes furent employées par la Congrégation des Rites aux discussions que le rapport soulevait. Elles donnèrent lieu notamment à une très-remarquable consultation médicale du docteur Vincent Diori, sur le cancer d'estomac, qui a 110 pages grand in-quarto.

La congrégation préparatoire put avoir lieu au Vatican, le 23 avril 1872, la séance générale, au Vatican, le 19 novembre, la promulgation solennelle du décret du miracle, le 29 décembre, l'approbation définitive des deux nouveaux miracles donnée à l'unanimité des membres de la Sacrée-Congrégation, le 14 janvier 1873, et le décret *de tuto* le 9 février de la même année. Monseigneur l'Évêque d'Arras, qui était alors à Rome, assista à la promulgation de cette dernière et grave sentence, dans la grande salle du Vatican, de la bouche même du Souverain Pontife et en rapporta l'heureuse nouvelle à ses diocésains. (1)

Voici comment sa Grandeur raconte elle-même, dans son discours d'Amettes, du 7 juillet 1873, cette cérémonie touchante :

« Il y a quelques mois, dans la ville éternelle, nous allions remercier le Souverain Pontife de l'heureuse issue du procès de canonisation de notre Bienheureux compatriote, devenu le *Saint de Rome*.

« Pie IX, vous le savez, par une attention délicate de son cœur paternel, a voulu qu'en notre présence, fût proclamé ce décret irréformable qui décerne les honneurs du culte public, dans l'Eglise, à l'illustre enfant d'Amettes.

« Nous l'avons entendu proclamer, le jour même de la solennité de notre glorieux patron saint Vaast, ce décret qui nous com-

---

(1) Voir à l'*Appendice* le récit complet de cette journée, d'après le journal l'*Univers*.

blait d'une si grande joie. Nous avons alors, au nom de notre diocèse, déposé aux pieds de notre bien aimé Pie IX, le respectueux hommage de nos remerciements les plus sincères : exprimant le vœu de voir célébrer bientôt, en la Basilique vaticane, la solennité de cette canonisation. »

Les actes de la Cour romaine relatifs à ces grands événements célèbrent magnifiquement le nouveau saint que l'Eglise va inscrire en ses dyptiques. Ils rendent un hommage mérité à cette ville de Rome qui, au milieu de la perversité du XVIIIᵉ siècle, et malgré les apparences, savait l'honorer comme un saint de son vivant et l'appeler, après la mort, sur les autels, du vœu unanime de la plus haute noblesse, aussi bien que du petit peuple.

Spectacle vraiment merveilleux de voir un siècle si indifférent pour les biens du ciel, si enclin aux richesses et aux voluptés terrestres, se passionner ainsi pour un homme qui méprisait toute sorte de jouissance humaine, de quelque côté qu'elle pût venir !

Le Promoteur de la foi, celui qui, pendant cette reprise de la cause, avait rempli les sévères fonctions de censeur, se joignit à son tour aux solliciteurs et c'est sa supplique éloquente qui termine les actes de la Cour Romaine.

« Mais hélas ! s'écrie en terminant Laurent Salviati, l'Eglise est maintenant dans le deuil et la tristesse, et c'est contre vous, son chef auguste, Très-Saint-Père, que l'enfer soulève toutes ses fureurs.

Fasse le Seigneur, riche en miséricorde, que votre Sainteté voyant la ville et le monde rendus à la paix et à la tranquillité, puisse jouir au plus vite du triomphe le plus éclatant que l'Eglise ait jamais vu et des joies de cette canonisation. C'est ce que permettent d'espérer d'ailleurs le terme rapide et heureux où est venue cette cause et les suffrages du Bienheureux Benoît-Joseph. »

Qu'ajouter à ce vœu, sinon celui que la France fille aînée de l'Eglise, et en partie cause des tristesses et des larmes de sa mère, retrouve elle aussi, le calme et l'union, pour acclamer, comme elle le doit, et comme il le mérite, l'un de ses glorieux enfants appelé à l'incomparable honneur de la canonisation. C'était, du reste, le vœu que formulait Pie

IX lui même dans les paroles prononcées après la promulgation du décret. « Ce nouvel élu, a-t-il dit, voudra sans doute faire luire un rayon d'espoir sur la France sa patrie. Espérons que sa puissante prière obtiendra à ce pays de recouvrer cette paix, cette prospérité, cette gloire qui lui ont été enlevées, mais qui demeurent son légitime apanage. »

C'est ce que Monseigneur Lequette, dont la sollicitude épiscopale suivait, avec un touchant intérêt, les différentes phases de ce dernier procès, exprimait à ses diocésains, dans sa lettre pastorale, qui publiait le décret des miracles.

Il demandait avec instance, aux compatriotes du nouveau saint, des prières ardentes « pour que Dieu, dans sa miséricorde, daigne délivrer, au plus tôt, la capitale du monde chrétien, de la triste situation que lui ont faite les odieux événements qu'elle subit, et la rende à ces majestueuses solennités dont elle a le précieux privilège et dont la cessation actuelle est si pénible pour les cœurs catholiques. »

Puissent les prières de Rome pour la France, de la France pour Rome, et de notre Bienheureux pour ses deux patries, hâter l'heure de la commune délivrance !

CONCLUSION.

En dépit des obstacles les plus redoutables, la cause du saint mendiant d'Amettes paraît sur le point d'arriver à son terme béni. Déjà le Souverain Pontife à nommé une Commission qui doit, selon la Bulle de Benoit XIV, dirimer les questions et préparer la canonisation ; les magnifiques décors qui doivent orner l'*Aula* ont été dessinés et approuvés.— Les procès du Bienheureux de Rossi et de la Bienheureuse Claire de Monte-Falco, qu'on espère associer à notre Bienheureux Benoît-Joseph Labre, dans la fête de canonisation, se terminent ; encore quelques mois, et la voix infaillible du Souverain Pontife va unir la France avec Rome et l'Italie dans une commune illustration en appelant leurs enfants aux honneurs d'un commun triomphe. Mais cet incomparable honneur impose de grave devoirs. Dieu fasse que les nations n'y manquent pas plus que les individus !

Quand notre Bienheureux aura été inscrit

solennellement au nombre des saints, les fidèles, en plus grand nombre encore, doivent venir à ses autels, car sa vie exceptionnelle, son héroïque abjection, ses mortifications effrayantes, les miracles de guérison, les plus nombreux miracles de conversion opérés par son intercession, ne peuvent manquer de le faire envisager comme l'antithèse sublime des maladies de notre société et l'intercesseur le plus écouté pour les guérir.

Secouons donc notre torpeur et abjurons le naturalisme qui s'est introduit jusque dans notre dévotion française : offrons à Dieu, selon la prière de saint Paul, nos corps eux-mêmes comme une victime vivante, sainte et agréable et que la canonisation du Bienheureux Benoît-Joseph Labre soit le point de départ d'un retour généreux à la vie simple, frugale, courageuse, vraiment spirituelle, qui fit la gloire de nos aïeux et leur sainteté. Cette croisade d'un nouveau genre ne serait point seulement utile à l'Eglise, elle le serait encore à la patrie ; elle préparerait des saints pour le ciel ; elle donnerait à la terre des corps virils, des caractères et des vertus !

Saint Benoît Joseph Labre, priez pour nous !

LES SEPT STATIONS DU BIENHEUREUX

I. AMETTES

Le village natal de notre Bienheureux est situé dans un pli de terrain, entre les collines d'Artois et la plaine houillère qui s'incline vers la Flandre. Un ruisseau aux eaux limpides venant de Fontaine-les-Hermans, Nédonchelle et Nédon, la Nave, le traverse du côté du Nord-Ouest ; un autre petit ruisseau la Coqueline, venant de Bailleul-les-Pernes et du hameau de Dinghem, l'arrose au Sud-Est. Ces deux ruisseaux avant de se rejoindre, à la Cauchiette, laissent entr'eux une sorte de promontoire sur les versants duquel s'échelonnent les maisons, les jardins et les prairies d'Amettes. Au sommet de cette petite colline, entre les arbres qui l'entourent, émerge le clocher du village. Ce clocher et l'église qu'il domine forment le couronnement d'un de ces groupes pittoresques de chaume de pannes et de feuillage que présentent la plupart de nos campagnes artésiennes.

Amettes est un ancien village ; au XIIe siècle il était dans la mouvance de la famille de Bailleul et relevait du comté de St-Pol. Il fut érigé en paroisse en 1250, et, après avoir appartenu au diocèse de Thérouanne, fit partie d'abord de celui de Boulogne et finalement de celui d'Arras.

§ Ier. *L'Eglise.* — L'église où le pèlerin dirige naturellement ses pas, dès l'abord, et qui domine, comme nous l'avons dit, le village, se compose de deux parties bien distinctes. L'ancienne nef qui parait dater du XVIe siècle, est vaste, bien éclairée, et de style ogival. Les nervures de la voûte sont assez remarquables. La piété y distingue surtout, dans l'angle occidental qui suit le porche, les fonds baptismaux où notre Bienheureux fut porté le lendemain de sa naissance, c'est-à-dire le 27 mars 1748. Ces fonds baptismaux devinrent le rendez-vous de ses dévots, dès le moment de sa sainte mort, et pendant tout le temps que dura son procès. C'est l'évêque de Boulogne, Mgr de Partz de Pressy, celui-là même qui avait confirmé Benoît-Joseph Labre et s'était fait plus tard l'avocat et le soutien de sa cause, qui avait donné ce but à la piété des fidèles.

La chaire de vérité est celle-là même au pied de laquelle notre Bienheureux entendit, après les instructions du foyer paternel, les premiers éléments de la science divine et le pavé du saint temple est le même où il s'agenouillait dans ses longues et humbles prières.

L'abside de l'église s'est transformée depuis quelques années en un gracieux sanctuaire orné maintenant de riches peintures, de vitraux très remarquables et d'un bel autel renfermant, comme dans un tombeau, une statue du Bienheureux qui est un chef-d'œuvre.

Cette construction de style ogival et à trois nefs, beaucoup plus large et plus élevée que l'ancienne, à été commencée en 1862, sur les plans de M. Bresselles alors curé de Mazinghem, dont le nom est bien connu dans l'Artois. L'entrepreneur Boulard de St-Omer conduisit les travaux avec assez de diligence, pour que Mgr Parisis put bénir la nouvelle église, le 5 juillet 1864.

Sous l'habile direction des RR. PP. Maristes, et grâce aux belles décorations de MM.

Mantel et Decroix, cette partie de l'église à reçu successivement tous les ornements qu'elle comporte et qui en font un des plus beaux sanctuaires du diocèse.

Douze vitraux, sortis des ateliers de M. Maréchal de Metz, rappellent les principales circonstances de la vie de notre Bienheureux : son départ de la maison paternelle ; la charité qui le porte, quoique mendiant lui-même, a faire l'aumône aux autres mendiants ; son admirable patience quand il est insulté par des enfants ; sa dévotion à gravir les degrès du saint escalier ; son attitude extatique devant le Saint-Sacrement ; sa dévotion envers la très sainte Vierge à laquelle il offre son cœur ; la puissance enfin de son intercession se manifestant par cinq miracles.

Tous ces sujets, reproduits avec goût et piété, racontent aux yeux des pèlerins les moins instruits, quelle fut la vertu et quelle est la sainteté de celui qu'ils viennent invoquer.

Le maître autel, œuvre de M. Buisine, de Lille, est aussi de style gothique ; il est en marbre revêtu de bois peint : c'est dans le tombeau de cet autel, que l'on aperçoit l'ad-

mirable statue couchée, chef d'œuvre de M.
Raffl de Paris. Elle représente le Bienheureux
mourant, les bras croisés, dans cette attitude
qui excitait à la fois la pitié et l'admiration
de tous ceux qui purent le visiter dans la maison du boucher Zaccarelli. La paillasse sur
laquelle est étendue la statue est celle-là même sur laquelle le Bienheureux est mort et
qui a été abandonnée à l'église d'Amettes
comme une relique précieuse.

Au-dessus du tabernacle est aussi placée
une statue du Bienheureux de bonne facture.
Les autres statues qui garnissent l'église sont
celles de s^t Sulpice patron de la paroisse,
de s^t Nicolas, de s^te Catherine, de s^te Barbe
offerte par les mineurs d'Amettes, etc. Parmi
les tableaux, on remarque surtout celui qui
rappelle le pèlerinage de 1873, il a pour auteur M. Demory, et un portrait du Bienheureux donné par M. Brissy. En face des autels
sont suspendues trois lampes de différentes
grandeurs : la principale est un ex-voto du
comité du pèlerinage de 1873.

Voici maintenant le détail des reliques du
Bienheureux dont l'église d'Amettes est en
possession. D'abord un fragment de rotule,

gros a peu près comme le pouce; c'est la plus considérable : ensuite divers fragments des petites côtes, de la tête, des ossements : enfin un morceau de cordon du Tiers-Ordre dé St-François, un morceau de son vêtement, et un livre de dévotion à son usage.

Nous avons déjà signalé la paillasse sur laquelle il est mort et que le zouave pontifical Arthur Guillemin a apportée de Rome en 1866.

Il faut distinguer encore parmi les richesses de l'église d'Amettes, bien qu'il n'ait point rapport à notre Bienheureux, un reliquaire du XVI° siècle qui a été plusieurs fois exposé comme œuvre d'art. C'est un petit monument d'orfévrerie plein de grâce et de légèreté. On y voit les statuettes de s¹ Sulpice, de s¹ Nicolas et de s¹ Adrien. Le dessin de broderie qui entoure les cylindres où sont les reliques est fort gracieux. Un autre reliquaire renferme une petite fiole d'huile aujourd'hui desséchée rapportée, dit-on, il y a plusieurs siècles, du Mont Sinaï, et semblable à celle qui coule du tombeau de s¹ Nicolas. Ce reliquaire en argent massif n'est pas moins beau que le premier.

Le chœur et la sacristie communiquent, par

une galerie couverte, avec le presbytère ou plutôt le couvent des PP. Maristes.

§ 2. *La maison du Bienheureux.* — En sortant de l'église d'Amettes, le pèlerin, après un coup d'œil donné à la tour et au clocher, qui sont remarquables, pourra trouver au Nord-Ouest du cimetière la tombe du père et de la mère du Bienheureux. Une simple inscription sur bois marque jusqu'ici l'endroit où reposent, l'un près de l'autre, Jean-Baptiste Labre et Anne-Barbe Grandsir. C'est de ce côté, du reste, que l'on se dirige vers la sainte maison, après avoir traversé le chemin de Lillers.

L'ancien patrimoine des Labre se composait jadis d'une pâture en pente, d'une maison avec ses dépendances et d'un jardin sur le côté. Il fut mis en vente après la mort du dernier frère du Bienheureux, mais le zèle de M. Decroix et la charité de M. de Nédonchel se trouvèrent là pour recueillir ce précieux héritage et le conserver comme une relique. La grange, la remise et les écuries disparurent, une grille de fer entoura les bâtiments, une chapelle s'éleva et la maison fut ramenée autant que possible à son état primitif.

Après avoir été habitée jusqu'au 16 juillet

1870 par M. Decroix, l'ancien curé d'Amettes, qui y mourut dans un âge avancé, la maison du Bienheureux est devenue la propriété du grand Séminaire d'Arras.

Avec une cave dont les marches sont usées par le temps et l'usage, cette habitation n'a que trois places au rez-de-chaussée. L'ancienne maison proprement dite avec sa grande cheminée, une chambre à droite avec une montée de grenier, une autre chambre à gauche où se trouve le four.

Une quatrième place a été ajoutée depuis, à l'extrémité du logis, avec un escalier qui conduit à la chambre du Bienheureux. Celle-ci, où l'on dit que le Bienheureux se retirait pour prier et qui lui servait aussi, dit-on, de chambre à coucher, est étroite et très basse, prise tout simplement dans le toit et séparée seulement du grenier par une grosse cheminée. Un petit autel permet au besoin d'y offrir le saint sacrifice. C'est l'endroit prévilégié du pèlerinage, le lieu ou les pèlerins s'agenouillent avec le plus d'amour et prient avec le plus de ferveur.

Un peu plus haut que la maison, en deça de la grille, sur l'emplacement de la grange où le Bienheureux se cachait pour mieux prier, a été bâtie une chapelle, avec un autel et un portrait du Bienheureux.

§ 3. *Le chemin de croix.* — A la porte de la chapelle commence la montée du chemin de croix qui aboutit à l'entrée du cimetière. Cette voie douloureuse avait été marquée d'abord à travers la prairie, par de simples croix en bois peint, mais sur l'initiative de S. G. Monseigneur l'Evêque d'Arras, qui a offert la première station, et grâce à la charité de ses imitateurs, le chemin de la maison à l'église sera bientôt décoré d'un chemin de croix vraiment monumental.

L'auteur est un jeune artiste d'Hazebrouck, M. G. Pattein, dont le talent égale la foi et qui parait appelé à un brillant avenir. Chaque station sculptée dans la pierre et protégée par une vitrine, est saisissante de pensée et parfaite d'exécution. La série des chutes de la sainte victime notamment à été reproduite avec une variété et une aggravation de douleur qu'il était difficile de mieux entendre et de mieux rendre. De plus la sobriété des détails, la vérité des attitudes, l'expression même des physionomies, aussi rebelle que soit la pierre dont l'artiste a triomphé, inspirent mieux que l'admiration, puisqu'elles font compâtir et prier.

Nous avons dit que le donateur de la première station est S. G. Monseigneur Lequette; Monseigneur Scott, doyen d'Aire, a offert la seconde; la paroisse de Merville la troisième. La famille Laroche de Duisans a offert aussi la sienne. La liste est encore ouverte et le Bienheureux attend.

§ 4. *Ecole et presbytère.* — De l'autre côté du cimetière et le long de la rue de l'église se trouvent l'école et le presbytère. Le logement de l'instituteur, attenant à l'école, est un reste de l'ancien collège d'Amettes, berceau célèbre de la restauration du clergé et de l'enseignement ecclésiastique dans le diocèse d'Arras, après la Révolution, sous la direction de M. l'abbé Paternelle.

Ce savant et saint prêtre, délégué de l'Evêque de Boulogne en exil, à partir de 1795, fixa sa principale résidence à Amettes, y fut nommé desservant en 1803, et y fonda un Séminaire florissant qui lui survécut. Mort à Amettes en 1819, il fut enterré dans l'église, où l'on peut lire son épitaphe, qui se termine par ces mots : « l'œil de l'aveugle, le pied du

9

boiteux, le père des pauvres, sa vie fut celle d'un juste. »

Son ami, son collaborateur et son successeur, Monsieur Stanislas Decroix, qui, au milieu de ses multiples occupations de supérieur, de professeur et de curé, trouva toujours le temps de suivre et de promouvoir la cause de notre Bienheureux, repose aussi au cimetière d'Amettes sa patrie.

Nommons encore avec lui parmi les illustrations que la protection du Bienheureux paraît avoir méritées à son village natal, les trois frères Dumetz, Barnabé, Félicien et Eugène, tous trois chanoines d'Arras, tous trois aussi remarquables par leurs mérites que par leurs vertus, et l'abbé Vincent mort doyen de Vitry. Ce ne sont pourtant là que cinq noms, or les vieillards du pays se souviennent d'avoir connu vingt-deux prêtres, natifs d'Amettes, vivant en même temps.

Le presbytère où tant de prêtres reçurent les premiers conseils qui les dirigèrent dans le chemin du sanctuaire, malgré les développements successifs qu'on lui donna, était insuffisant pour recevoir la communauté que M. Decroix destinait à lui succéder dans la direction de la paroisse et du pèlerinage. Aussi, trois ans après l'arrivée des Pères Maristes, en 1866, fut-il remplacé par une maison vaste et commode, qui permet aux religieux de donner l'hospitalité aux prêtres, qui viennent faire à Amettes leur pèlerinage ou leur retraite.

Les femmes sont reçues dans une maison attenante à la belle école de filles, dirigée par les sœurs Augustines d'Arras, depuis 1864. Les laïques trouvent des auberges bien tenues, et au besoin l'accueil bienveillant de tous les Amettois.

Amettes ne présente pas, il est vrai, de moyens de communication modernes aux amateurs des commodes pèlerinages : ce village n'a ni gare de chemin de fer ni station de voiture : mais pour peu que l'on veuille faire descendre du cœur aux jambes le désir d'imiter de loin l'intrépide pèlerin qu'on y honore, il n'est pas difficile de franchir à pied, par un chemin uni et commode, les 6 ou 7 kilomètres qui séparent ce village de Lillers, ou les 4 ou 5 qui le séparent de Pernes.

II. ERIN

C'est à la fin de 1760 que Benoît arriva dans ce village, dont son oncle et parrain, François-Joseph Labre, était curé depuis 1752. Il y fit sa première communion, y reçut la confirmation, des mains de Monseigneur de Partz de Pressy, le 4 septembre 1761, et y séjourna jusqu'après la mort de son oncle, c'est-à-dire jusqu'aux environs de la Toussaint 1766.

On peut dire que c'est dans ce village que se fit l'éducation de notre Bienheureux. L'église, le presbytère, les rues même du village où il pratiqua si bien la prière, la mortification, l'obéissance et la charité, méritent donc de retenir un moment l'attention du pèlerin.

Erin est situé dans la riante vallée de la Ternoise, à égale distance des gares d'Anvin et de Blangy. Les prairies qui l'environnent, les bois qui le dominent, son château au parc ombragé, ses fermes, qui entourent la place, donnent à ce village un aspect fort agréable.

Malheureusement des développements récents, des embellissements successifs de
l'église, du presbytère, du château et même
de la plupart des habitations, laissent peu de
traces de notre Bienheureux. La tour seule
du clocher qui est ancienne a vu se développer à son ombre les vertus de celui que les
habitants d'Erin appelaient leur petit curé.
Au coin du jardin presbytéral, à l'endroit
même où l'on dit qu'était la chambre du
Bienheureux, la famille de Croy avait fait
bâtir une chapelle de belles dimensions, que la
tourmente révolutionnaire aurait probablement fait disparaître, si un tisserand nommé
Legay n'y avait installé un métier à toile.
Peu après, elle disparut néanmoins et fut
remplacée par une chapelle plus modeste,
élevée par les soins de Philippine Claron.

Si l'on en croit la tradition, depuis la ruine
de la chapelle, un roitelet venait chaque jour
à la fenêtre où travaillait Philippine et, par
ses chants et ses battements d'ailes, s'effor-
çait d'attirer son attention. Amenée par les
soins du ménage ou voulant fuir les impor-
tunités de l'oiseau, Philippine avait beau se
rendre dans une autre place, le roitelet la

poursuivait impitoyablement. La bonne
femme, qui était dévote au Bienheureux, crut
deviner le motif de ces sollicitations insolites,
et se mit en devoir de relever les ruines de
la chapelle. Le roitelet cessa alors ses pour-
suites et le ciel ne manqua point de faire
descendre sa bénédiction sur la restauratrice.

A l'heure présente une chapelle, bâtie par
les soins du nouveau châtelain d'Erin, Monsieur du Hays, remplace celle qu'avait élevée
la bonne Philippine.

C'est à cette chapelle que se rendent les
pèlerins ou au pied de l'autel dédié au Bienheureux ; non loin de là, sous les dalles du
chœur, est enterré le curé Labre, victime, on
le sait, de son dévouement à visiter ses
paroissiens décimés par une épidémie.

Deux habitants d'Erin furent appelés à
témoigner dans le procès de Boulogne : une
religieuse ursuline dont nous avons déjà
parlé et un cultivateur du nom de Joseph
Brisset.

Après avoir signalé, dans sa déposition du
24 mars 1784, la charité et la piété de son
saint ami, J. Brisset en arrive au chapitre de
son horreur pour le larcin. « Un jeune

homme, dit-il, lui ayant un jour offert des cerises, par la fenêtre du presbytère, Benoît ne voulut pas les accepter, disant que ces cerises ne lui apparténaient pas. Le jeune homme eût beau affirmer que son père le voulait bien, Benoît peu convaincu et tout en acceptant les attacha à sa fenêtre où elle demeurèrent plusieurs jours. »

Le même témoin raconte encore que lorsque Benoît, selon l'usage du pays, jouait avec ses camarades, pour une pinte de bière, soit qu'il gagnât, soit qu'il perdit, il ne voulait jamais boire.

C'est un trait de sobriété qui, au siècle dernier, déjà ne passait pas inaperçu.

III. CONTEVILLE

Après la mort de son oncle, le saint curé
d'Erin, en 1766, notre Bienheureux vint habi-
ter Conteville, chez un autre de ses oncles,
Jacques-Joseph Vincent qui y était vicaire.
Il y arriva vers la fin de décembre et s'y
livra sans contrainte à la vie austère et
pieuse qui convenait à l'oncle aussi bien
qu'au neveu. Il est peu de villages du voisinage qu'il n'ait édifié de ses exemples, lorsqu'il y allait, comme à St-Pol, prier aux jours
d'adoration, ou entendre les sermons de mis-
sion, comme à Boyaval.

Son premier séjour à Conteville s'est terminé après le Carême, c'est-à-dire en avril
1767. L'année suivante, 1768, vers les fêtes de
la Pentecôte, après son voyage à la Trappe de
Mortagne, notre Bienheureux revint à Conteville toujours poursuivi par le désir d'entrer
au couvent : mais ce nouveau séjour parait
avoir été fort court. Au milieu de difficultés
de toute nature, la vocation du saint pèlerin
n'allait point tarder à se décider.

Conteville a conservé précieusement tous les souvenirs de notre Bienheureux et c'est certainement là qu'il faut aller, après Amettes, pour y retrouver ses traces les plus nombreuses et les plus édifiantes.

Quand on a quitté la gare de Wavrans et remonté la vallée sèche et pittoresque qui descend d'Hestrus vers la Ternoise, sur le plateau boisé où est bâti Conteville, se présentent au pèlerin l'église et le presbytère sanctifiés par la présence de notre Bienheureux. Grâce aussi au zèle intelligent du curé d'Hestrus, une chapelle gracieuse a été bâtie en l'honneur du Bienheureux, comme pour ajouter aux pieux souvenirs d'un humble passé l'idée des gloires du présent.

Cette chapelle de style gothique donne entrée, par un escalier de quelques marches, à la modeste chambre qu'habitait Benoît Labre, dans le grenier du presbytère. On y trouve le même plancher sur lequel il s'agenouilla si souvent, l'étroite fenêtre percée dans le toit de chaume et jusqu'à l'image du pauvre lit sur lequel il se reposait. Le Bienheureux est là dans son costume de mendiant, la croix serrée sur la poitrine, le chapelet de l'autre main, les

reins ceints du cordon de Saint-François, avec
l'écuelle au côté, tel enfin que Dieu le voulut
pauvre et pèlerin. Sur les murs blanchis à la
chaux de la chambre, se lisent plusieurs inscriptions édifiantes, parmi lesquelles ce témoignage de l'ancien vicaire de Conteville, en
faveur de son neveu : « J'ai toujours remarqué en lui beaucoup de piété, de penchant à
l'austérité et d'ardeur pour la lecture des bons
livres. »

Le presbytère, devenu lui aussi la propriété de Madame Cogé, et conservé avec un
soin jaloux, montre au visiteur, avec ses murs
peu élevés, ses sommiers blanchis, son âtre
large, un specimen complet des anciennes habitations de nos villages artésiens au siècle
dernier. Au milieu de la maison, on montre
encore la place d'un enfoncement creusé en
rond, dans le sol, et qui servait de siège à
l'oncle et au neveu, quand ils s'étaient dé-
pouillés de tout leur mobilier en faveur des
nécessiteux. La cheminée, où cuisait la soupe
des deux saints, avec le bois donné par charité, rappelle aussi ces paroles de M. Vincent, qui souvent avait des regrets au moment
de la manger : « Allons, mon neveu, nous

avons de la santé, un morceau de pain peut nous suffire; dans le village il y a des infirmes et des malades., qui ont besoin d'une autre nourriture. » Alors, le digne neveu d'un tel oncle leur portait potage viande et légumes.

La chapelle paroissiale, ou, si l'on veut, l'église de Conteville, pour n'être pas un monument, n'en a pas moins son caractère ; son clocher de bois, ses fenêtres à meneaux, sa voûte à arrêtes, les colonnes torses qui soutiennent sa tribune, son transept disproportionné lui donnent un cachet rustique, qui n'est pas sans charme. L'*Ecce Homo* y parait spécialement en honneur, et c'est peut-être à Conteville que notre Bienheureux a pris sa dévotion si tendre pour les souffrances de l'Homme-Dieu. Inutile d'ajouter que parmi les nombreuses statues qui décorent l'église, celle du Bienheureux a sa place d'honneur. Une main pieuse a eu soin de signaler aussi, à la table de communion, la place où il se mettait à genoux.

Conteville possède enfin une précieuse relique de son saint de prédilection et un pèlerinage bien fréquenté y ramène à chaque anniversaire les nombreux fidèles de la contrée. Il n'est même pas rare, pendant le reste de

l'année, de voir arriver à la chapelle du Bienheureux de pieux visiteurs. Nous croyons que
ce pèlerinage ne serait pas désagréable aux
simples touristes, aux amateurs du calme, de
la simplicité, du bon accueil et des souvenirs
du temps passé.

IV. LIGNY-LES-AIRE

Après sa tentative à la Chartreuse de Neuville où on lui avait donné le conseil de terminer ses études, en l'année 1767, notre Bienheureux vint séjourner à Ligny-les-Aire. Le vicaire Jacques Adrien Dufour, ancien élève du curé d'Erin, à la mémoire duquel il conservait une grande reconnaissance, était désireux de payer sa dette de reconnaissance à quelque membre de la famille de son bienfaiteur. C'est vers la fête de l'Ascension, 1767, que Benoît arriva à Ligny, conduit par un de ses oncles. Le but de Benoît était de s'appliquer surtout au chant ecclésiastique et et à la dialectique; mais son maître ne tarda pas à s'apercevoir qu'il était appelé à une philosophie plus haute. Il vécut chez le vicaire de Ligny de manière à mériter l'estime de tous, particulièrement de son maître et du curé Guillaume Lardeur, qui en témoignèrent plus tard l'un et l'autre avec une égale admiration. Il quitta ce village après quatre mois de séjour, à la fin de septembre, pour se présenter de nouveau à la Chartreuse.

Ligny a conservé peu de chose de son saint hôte ; on y montre pourtant encore la place qu'il préférait pendant les longues heures qu'il passait à l'église : c'est un petit banc dissimulé derrière la porte de la sacristie, et où l'on est caché à tous les regards.

La maison vicariale, où il vécut sous la direction de M. Dufour, sert aujourd'hui de logement à l'instituteur. C'est là que notre Bienheureux dans l'attente de la vie religieuse, se livra à l'étude, à la prière et à la mortification, avec une austérité déjà effrayante. Il eût aussi beaucoup à y souffrir de la légèreté de ses compagnons d'étude, ce qu'il accepta avec une résignation touchante, et le rapprocha de cet idéal de vie pénitente où il marchait si résolument.

V. CHARTREUSE DE NEUVILLE

Après une tentative infructueuse pour entrer à la Chartreuse du val Sainte-Aldegonde, près de Longuenesse, au diocèse de St-Omer, notre Bienheureux se dirigea vers Neuville-sous-Montreuil, avec l'espoir d'être admis à la Chartreuse de Notre-Dame des Près. C'était en mai 1767. Son oncle François-Henri Vincent, membre du chapitre de Notre-Dame de Wallincourt en Cambrésis, après avoir déterminé les parents du Bienheureux à le laisser faire ce nouvel essai, le conduisit à Neuville. Cette protection recommandable et l'exposé des antécédents de Benoît le firent admettre comme postulant. Toutefois, comme on le destinait au chœur, le prieur D. Michel Pater lui confirma l'obligation d'apprendre, avant sa sa réception, les principes du plain chant et ceux de la dialectique. C'est pour cela que notre Bienheureux alla séjourner à Ligny-les-Aire chez le vicaire Jacques-Adrien Dufour, depuis le 29 mai 1767, jusqu'à la fin de septembre.

Il revint à Neuville pour la Saint-Bruno, le 6 octobre, en compagnie de son ami, celui qui devint le P. Hidoux et, cette fois, fut admis sans plus tarder parmi les postulants. On sait qu'il n'y resta que six semaines; il en sortit donc vers la fin de novembre 1767. Deux ans plus tard, il y revient sur le conseil de Mgr de Pressy lui-même, mais il dut quitter de nouveau, au bout de six semaines, un genre de vie pour lequel il n'était pas fait.

. Benoît n'en laissa pas moins à la Chartreuse de Neuville des souvenirs ineffaçables.

Voici comme en parle le père François-Joseph-Henri Cappe, natif d'Azincourt et procureur de N.-D. des Près de Neuville, dans son interrogatoire au procès de Boulogne, le 23 mars 1784.

«Pendant les deux séjours qu'il fit à la Chartreuse, Benoît Labre a toujours été regardé par ses égaux, aussi bien que par ses supérieurs, comme menant une vie exemplaire et régulière. S'il n'y est demeuré que peu de temps, ce n'est pas une preuve d'inconstance (comme le promoteur l'avait dit), c'est parce que le révérend père prieur, voyant les peines d'esprit dont il était continuellement agité, lui dit : mon enfant, la Providence ne vous appelle point à notre état, suivez les inspirations de Dieu. »

Il ne fut du reste jamais noté d'aucune faute, omission ou manquement ; il montrait un grand zèle pour se rendre à l'office et y assistait de la manière la plus édifiante.

Enfin pendant les spaciements, (promenades communes), que la règle accorde une fois par semaine et où les postulants se trouvent avec les novices, il l'a toujours remarqué d'un caractère doux, affable, complaisant et même prévenant.

L'ancien monastère de la Chartreuse visité et habité par le Bienheureux Benoît n'existe plus, mais, depuis quelques années, les fils de st Bruno ont repris possession des lieux bénis témoins des austérités de leurs devanciers, depuis le milieu du XIVe siècle. Une nouvelle Chartreuse, bâtie sur les plans de l'architecte Normand, développe ses constructions simples et grandioses sur la rive droite de la Canche, à mi-côte, avant d'arriver à Montreuil. Et le visiteur édifié de ce beau monastère y retrouve le souvenir de notre Bienheureux dans une chapelle consacrée à son culte, au lieu même où, selon la tradition, se trouvait la cellule qu'il habita et qui s'ouvre sur le grand cloître.

VI. SEPT-FONDS

C'est vers cette abbaye de l'Allier que notre Bienheureux se dirigea après avoir quitté la chartreuse de Neuville et tenté une dernière fois, mais en vain, d'entrer à la Trappe de Mortagne. Il y fut reçu le 28 octobre 1769, et admis à revêtir l'habit de novice de chœur, le 11 novembre, avec le nom de Fr. Urbain. On sait qu'après l'y avoir laissé quelques mois, comme pour tremper son âme dans la vie religieuse, la main de Dieu le rejeta de nouveau sur les chemins de la France, de l'Allemagne et de l'Italie, dans cette extraordinaire vocation de pèlerin, où il n'a eu ni devanciers ni successeurs. Il sortit de Sept-Fonds le 2 Juillet 1770.

Sept-Fonds n'en a pas moins conservé jusqu'aujourd'hui le vivant souvenir de celui qui fut le Fr. Urbain, et le range avec amour parmi ses saints protecteurs. Le Monastère, dont la fondation remonte à 1132, était en 1769 à son plus haut degré de ferveur et de prospérité et les commissaires envoyés par l'Evêque d'Autun, en 1785, pour faire les premières informations relatives au procès de notre Bienheureux, ne tarissent point d'éloges sur les vertus qu'ils y virent pratiquer. L'hôte admis aujourd'hui dans cette maison bénie éprouve les mêmes impressions que les commissaires du siècle dernier.

Quand il a franchi les trois kilomètres qui séparent la gare de Diou ou celle de Dompierre, dans l'Allier, du monastère, pénétré dans ces murs d'une hauteur de quatre mètres, renfermant près de cinquante hectares de terre, il serait difficile au voyageur d'imaginer un lieu plus propice au travail et à la contemplation.

Le serviteur du Bienheureux y retrouve, sauf une intelligente restauration, tels qu'ils étaient en 1770, les lieux témoins des vertus du Frère Urbain. La grande chapelle sombre où il avait sa stalle, et où il était si ponctuel, les champs où il travaillait, le réfectoire où il renchérissait encore sur les austérités du trappiste, le chapitre où il s'accusait avec larmes de fautes insignifiantes et le plus souvent imaginaires, la cellule qu'habitait cet ange de la terre déjà considéré par ses frère comme un bienheureux, selon la déposition du Fr. Justin Richard, l'infirmerie où il souffrit pendant plus d'un mois bien plus de peines d'esprit que de douleurs corporelles et qu'il édifia par sa résignation, l'hospice extérieur enfin où le père cellérier Dom Dominique et le frère convers qui le soigna pendant deux mois prédirent qu'il serait un saint et ferait parler de lui, toutes les parties du monastère, en un mot, ont conservé le même aspect qu'ils avaient il y a un siècle et le bon père Dom Benoît, le bibliothécaire, montre encore aux amateurs les actes authentiques qui concernent notre Bienheureux.

VII. ROME

Il ne faut pas être Artésien, ni visiter longtemps Rome chrétienne, pour remarquer,
qu'en dépit des douloureux événements, dont
il a été plus victime qu'acteur depuis vingt
ans, le peuple romain est toujours essentiellement pieux et particulièrement dévot à notre Bienheureux. Mais c'est surtout dans les
quartiers des Monts que cette dévotion est
restée vive. Nous y conduirons le pèlerin,
et nous visiterons avec lui N.-D. des Monts,
où fut le tombeau de notre Bienheureux et où
sont ses reliques; la maison du boucher Zaccarelli où il est mort, le monument que la bonté
de Pie IX a permis qu'on élevât en son honneur dans le Colysée, enfin une chambre qu'il
a habitée et où la main pieuse du P. Virili a
réuni un certain nombre d'objets qui lui ont
appartenu.

L'église Ste-Marie des Monts, (S. *Maria deï
Monti*), située entre le Viminal et l'Esquilin,
non loin des Thermes de Titus, et dans la rue

du même nom, a été bâtie par Grégoire XIII, pour abriter une image miraculeuse trouvée dans un grenier à foin, à la fin du XVIe siècle. Cette image qu'on vénère encore aujourd'hui sur le maître autel et qui reçut si souvent les hommages de notre Bienheureux, fut couronnée en 1632. A part quelques tableaux, l'église n'offre à la curiosité rien de remarquable : la piété seule y amène des visiteurs.

Une dalle rappelle d'abord l'endroit où le corps de notre Bienheureux reposa pendant soixante-dix-sept ans. Elle est du côté de l'épître, près de la balustrade, non loin de l'endroit où se tenait habituellement Benoît Labre en prière. On y lit cette inscription : *Hic Jacuit annis LXXVII corpus B. Benedicti Josephi Labre.*

Le premier autel dans la nef à gauche du côté de l'Evangile est dédié au Bienheureux : il est modeste ; au-dessus de l'autel un tableau représente Benoît Joseph au moment où il distribue, dans le Colysée, des aumônes à d'autres pauvres. Le saint est debout : d'une main il montre le ciel comme pour rapporter à Dieu la faveur qu'il accorde, de l'autre il tend une écuelle pleine à un vieillard. Au-dessus de cette scène touchante, deux anges aux ailes déployées laissent tomber une couronne de fleurs sur la tête du pauvre bienfaisant. Autour de l'autel une foule d'ex-voto suspendus à la muraille rappellent les faveurs obtenues par l'intercession du Bienheureux. La plupart de ces ex-voto sont modestes et paraissent venir des gens de petite condition.

C'est dans le tombeau de l'autel que reposent les ossements du Bienheureux. Une statue en cire, dont la tête est moulée d'après nature, attire aussi les regards du spectateur. C'est notre Bienheureux endormi, sa discipline au côté, comme un guerrier couché sur le champ même de sa victoire. Il tient en main un lys emblème de la pureté qu'il conserva toujours.

Non loin de là, dans la rue *dei Serpenti*, au nº 13, se trouve la maison du boucher Zaccarelli ; elle est encore occupée par un boucher et n'a point changé d'aspect depuis un siècle. Quand on a monté l'escalier, le même que monta Benoît, au premier étage se trouve la chambre où l'illustre mendiant est venu mourir. C'est maintenant un petit sanctuaire. Le lit a disparu : un autel entouré d'une balustrade l'a remplacé. Plusieurs peintures grossières ornent les murs; elle rappellent quelques circonstances de la vie de Benoît, particulières à ses relations avec le boucher. Ici il reçoit une paire de souliers pour le voyage de Lorette. Là il prie devant l'image de N.-D. des Monts. Plus loin il tombe sur l'escalier de l'église. Il se laisse porter dans la maison du boucher. Enfin Benoît rend le dernier soupir.

Assurément l'art est étranger à ces peintures, on les regarde néanmoins et elles disent quelque chose.

Voici maintenant le Colysée, ce fameux amphithéâtre de Vespasien, le monument le plus majestueux de Rome, après Saint-Pierre. Au milieu de l'arène, s'élève maintenant une croix autour de laquelle Benoît XIV eût la pensée d'ériger les quatorze stations de la voie douloureuse. On sait que Benoît Labre y passait une partie de ses nuits ; c'est là, dans l'arcade vis à vis de laquelle se trouve la cinquième station, que Pie IX lui a fait dresser une statue de marbre et un autel. Faveur insolite qui place ainsi le culte de notre seul Bienheureux au milieu d'un monument arrosé pourtant du sang de milliers de martyrs.

Une dernière visite arrêtera le pèlerin au retour, *via de' Crociferi.* 20, près de la Fontaine de Trevi ; c'est la chambre un moment habitée par le Bienheureux, et qui conserve un grand nombre d'objets qui lui ont appartenu. Le chanoine de Bleser en donna une description minutieuse et qui était rigoureusement exacte en 1870. Nous ne pouvons mieux faire que de la reproduire.

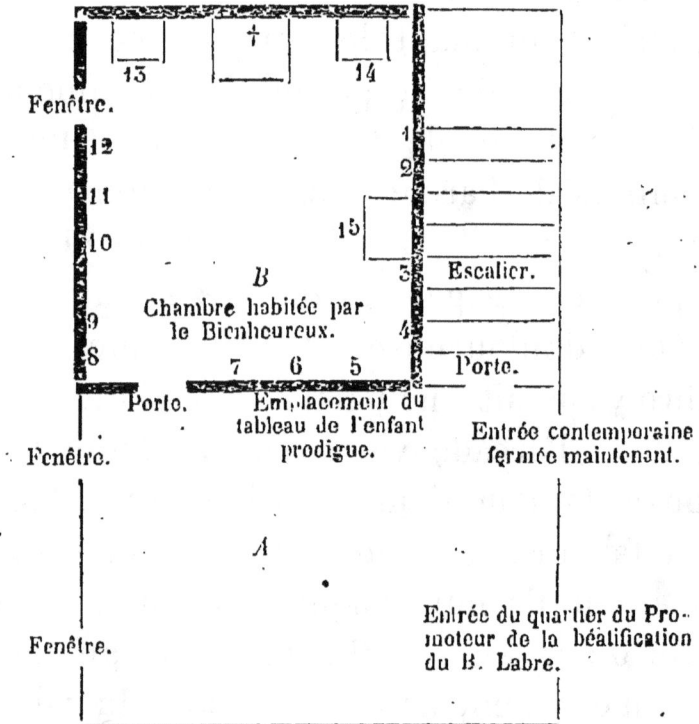

Fenêtre.

13   14

Fenêtre.

12

11

10

15

9   B
Chambre habitée par
le Bienheureux.

8   7   6   5

Porte.   Emplacement du
tableau de l'enfant
prodigue.

Fenêtre.

A

Fenêtre.

Escalier.

Porte.

Entrée contemporaine
fermée maintenant.

Entrée du quartier du **Promoteur** de la béatification
du B. Labre.

A. Chambre où l'on conserve différents portraits du Bienheureux, les sept tableaux, reproduits en petit, qui ornèrent la Basilique du Vatican, le jour de sa béatification, la représentation de la procession qui se fit à Arras, lorsque ses reliques furent transportées à son Eglise, et divers autres tableaux et gravures ayant rapport au Bienheureux, entre autres : le dessin du monument qu'on a érigé, avec l'approbation de S. S. Pie IX, du produit des offrandes des fidèles dans la loge 43 du Colysée, où le Bienheureux passait les nuits en prières et en méditations. L'un des portraits est fait par Cavalucci qui le peignit pendant que le Bienheureux priait dans l'église de Sainte-Marie-des-Monts, et un autre est gravé d'après un portrait, peint également d'après nature, qui n'existe plus.

Du temps du Bienheureux, il y avait dans cette chambre un tableau de l'enfant prodigue, devant lequel il eût une longue extase.

La chambre *B* fut habitée par le Bienheureux. On y célèbre la sainte Messe, avec la permission du Promoteur de la béatification du Bienheureux.

1 à 12. Douze cadres, renfermant sous

verre : 1. Son extrait de baptême, dont il se servait comme de passeport ; *je suis chrétien,* répondait-il, quand on lui demandait son nom. On y lit : *Vu à Lorette le 12 février* 1776. 2. Trois témoignages de bonne conduite ; 3. un passeport napolitain ; 4. un passeport français ; 5. une image de Notre-Dame de Lörette et une autre du *Bambino d'Ara Cœli* ; 6. la *Madonna de Monti* ; 7. un témoignage de confession de Lorette et le témoignage qu'il fut reçu dans le Tiers-Ordre de Saint-François, à Assise, en 1770 ; 8. un passeport de Ferrare ; 9. un item de Lucerne ; 10. un item de Constance ; 11. un item de Waldshut et un autre d'Einsiedeln ; 12. encore un pasport de Waldshut ; 13. deux armoires vitrées, renfermant : deux chemises, *sotto calzoni calzette* (bas), la corde qu'il portait aux reins et avec laquelle il se flagellait, une paire de souliers, un grain (le seul qui existe) de la *corona* qu'il portait constamment au cou, une aiguille et une paire de ciseaux, *corteccie di merangoli forti* (écorces d'oranges amères) qu'on trouva dans ses poches le Mercredi Saint, jour de sa mort. Il s'était presque exclusivement nourri de ces sortes d'écorces pendant le dernier carême de sa vie, comme le vinaigre avait été sa boisson ordinaire. Bourse dans laquelle il conservait et portait des reliques; un morceau de la planche de son lit, peau qu'il porta sur sa poitrine, pour cause de maladie, pendant la dernière année de sa vie; petite boîte en fer-blanc pour recevoir des aumônes, une quantité de médailles, jetons de présence aux instructions religieuses qui donnaient droit à autant de pains; il ne prenait jamais ses pains; son peigne, de ses cheveux, son bréviaire et un livre de piété; bandelettes qui enveloppèrent les sinapismes qu'on lui appliqua pendant sa dernière maladie, le crucifix qu'il portait toujours sur la poitrine, deux verres contenant des morceaux d'os.

14. Deux autres armoires vitrées renfermant : un morceau de *cedalino*, étoffe très-inflammable, pour faire du feu; des mouchoirs de poche, boîte en fer-blanc dans laquelle il conservait les papiers mentionnés plus haut. Partie de l'habit dont la confrérie de Notre-Dame-aux-Neiges le revêtit après sa mort. Le linge sur lequel il fut exposé à Sainte-Marie des Monts, pendant les quatre jours

qui suivirent sa mort, ainsi que les coussins, les draps et la corde, ayant servi pour la même circonstance. Les clous des deux cercueils et les deux inscriptions sur métal qui y furent placées, ainsi que des planches de ces cercueils et deux étuis en métal, qui ont contenu les authentiques et ont été enfermés dans les cercueils.

15. Armoire vitrée, sur une commode, renfermant : un caleçon, un habit et son surtout blanc, le sac qu'il portait sur son dos pendant ses pèlerinages après l'avoir rempli de grosses pierres ; un vase renfermant de la poudre de son cercueil, poudre que l'on donne aux malades et qui a déjà opéré beaucoup de guérisons ; sa *scodella*, écuelle en bois, rapiécée ; son chapeau, le moule qu'on a pris sur sa figure après sa mort et une tête en plâtre faite dans ce moule ; ses *præcordia* dans un vase.

Sous la table de l'autel se trouvent deux lits en fer avec les planches, un matelas et des couvertures qui lui servirent pendant deux ans à l'hospice des Œuvres Pies. Sur l'autel un reliquaire renfermant cinq dents, un morceau du crâne et six morceaux de la machoire. »

Telles sont les pieuses reliques que le pèlerin français et artésien ne manque pas de vénérer et sur lesquelles, malgré lui, il ne peut s'empêcher de jeter un œil de convoitise. Espérons que les Fêtes de la canonisation en ramèneront encore quelques débris au milieu de nous.

En terminant ces pages écrites en l'honneur de notre cher Bienheureux, après l'avoir suivi avec bonheur dans les diverses stations que nous avons décrites, on nous permettra de répéter cette touchante prière que ses dévots serviteurs de Notre-Dame des Monts lui adressèrent au jour béni de sa béatification et que l'on retrouve encore dans la sacristie de cette église :

« *Benedicte Joseph, si tibi œdem hanc ornamus quœ te fundentem preces et divino epulo refectum vidit tuaque sacra ossa servat, tu nobis dexter adsis nostrosque animos a caducis ad œterna traducas.*

« O Benoît-Joseph, si en votre honneur nous avons décoré ce sanctuaire témoin de vos communions et de vos ardentes prières, qui demeure le reliquaire sacré de vos ossements, soyez-nous propice et détournez nos cœurs des biens périssables pour les appliquer aux seuls éternels ! »

APPENDICE.

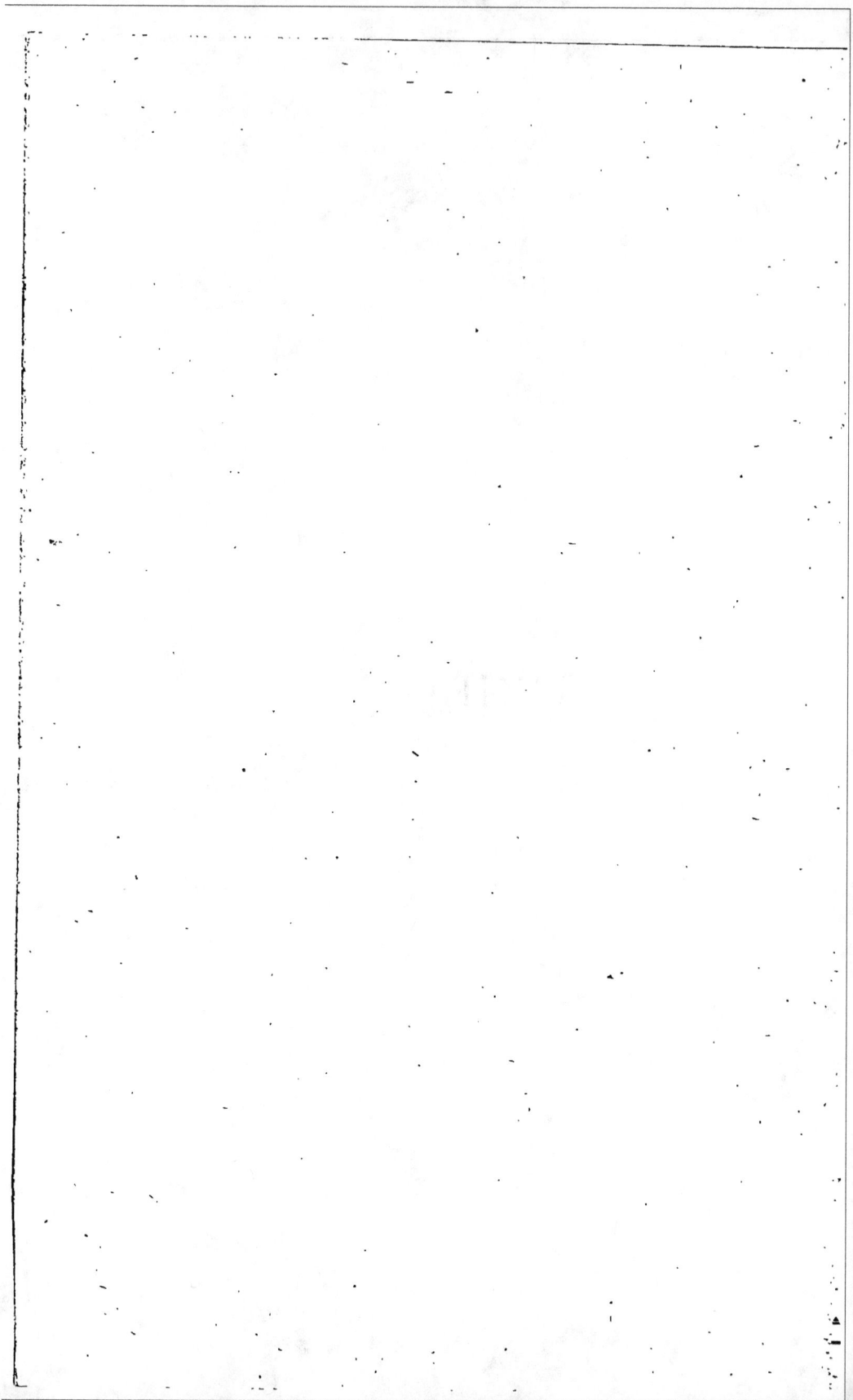

I.

TABLEAU CHRONOLOGIQUE

DU

PROCÈS DU BIENHEUREUX

1783. *16 avril.* (Mercredi Saint) A huit heures du soir il s'endort du sommeil des justes, chez son bienfaiteur Zaccarelli, âgé de 35 ans et 21 jours.

1783. *17 avril.* (Jeudi Saint) A cinq heures du soir son corps est transporté de la maison Zaccarelli à l'église de Notre-Dame des Monts, par les membres de l'Archiconfrérie de Sainte-Marie des Neiges, comme celui d'un confrère, accompagnés des PP. Carmes chaussés et du clergé.

1783. *20 avril.* (Dimanche de Pâques) Après la reconnaissance légale du cadavre, on l'enterre dans la dite église près de l'autel de la Sainte Vierge, et on y voit continuellement affluer les fidèles.

1783 *13 mai.* La réputation de sa sainteté s'é-

tant répandue partout, on commence à s'occuper de la cause de sa béatification et canonisation, et S. Em. le Cardinal Marc-
Antoine Colonna vicaire de Rome, en vertu
de ses facultés ordinaires, nomme postulateur de cette cause le R. P. Gaétan Palma
prêtre de la Congrégation des Pieux Ouvriers. Celui-ci commence en due forme les
procédures et informations sur la vie et les
vertus du vénérable Serviteur de Dieu, et
sur les miracles opérés par son intercession.

1783. *14 mai.* On commence le procès ordinaire à Rome, qui se termine le 22 septembre 1785.

1783. *6 août.* Pie VI, par décret de la Congrégation des Rites, nomme rapporteur de cette
cause S. Em. le Cardinal Jean Archinto.

1784. *28 janvier.* On commence le procès ordinaire à Boulogne, qui se termine le 2 juin
suivant.

1784 *20 avril.* On commence le procès ordinaire à Lorette, qui se termine le 12 juin
suivant.

1785. *28 juillet.* On commence le procès, dit de
non-culte, qui se termine le 1er octobre suivant.

1785. *5 août* Par décret de la Congrégation des

Rites on examine les procès ordinaires de Boulogne et de Lorette.

1785. *24 septembre.* Par décret de la même Congrégation, on examine le procés ordinaire de Rome.

1785. *17 octobre.* On commence le procès ordinaire d'Autun, qui se termine le 26 novembre suivant.

1786. *11 janvier.* Par décret de la Congrégation des Rites on examine le procès ordinaire d'Autun.

1792. *2 mars.* Par décret de la Congrégation des Rites on examine le procès sur le *non-culte.*

1792. *13 mars.* décret de la S. Congrégation des Rites qui ordonne l'introduction de la cause de la béatification et canonisation du vénérable Benoît-Joseph Labre.

1792. *31 mars.* Piè VI, appose de sa propre main sa signature à la commission.

1792. *24 avril.* On commence le procès apostolique à Rome, qui se termine le 19 septembre 1796.

1793. *30 janvier.* Pie VI, par l'organne de la Congrégation des Rites promulgue le décret sur le *non-culte exhibé.*

1793. *7 mai.* On commence le procès sur la réputation de sainteté, sur les vertus, et sur les

10

miracles, en général ; qui se termine le 29 juillet suivant.

1793. *11 septembre*. Par décret de la Congrégation des Rites, on examine le procès sur la reputation de sainteté, en général.

1794. *18 février*. Pie VI, par l'organe de la dite Congrégation, promulgue le décret sur la réputation de sainteté, en général.

1794. *2 octobre*. On commence le procès apostolique à Lorette, qui se termine le 14 novembre suivant.

1796. *8 juillet*. A la fin des Procès Apostoliques, on visite le corps du vénérable, et on en dresse le procès verbal.

1797. *6 mai*. Par décret de la S. Congrégation des Rites, on examine les procès apostoliques de Rome et de Lorette.

1800. *19 juillet*. Pie VII, par décret de la même Congrégation des Rites, nomme S. Em. le Cardinal Jules-Marie della Somaglia rapporteur de la cause, à la place de S. Em. le Cardinal Archinto, décédé.

7807 *23 septembre*. Pie VII. par organe de la Congrégation des Rites promulgue le décret sur la validité des procès apostoliques et ordinaires.

1817. *17 mars*. S. Em. Jules Marie della Somaglia vicaire de Rome, nomme postulateurs

de la cause MM. les abbés Philippe Colonna, et François Pacini, à la place du R. P.
Palma, décédé.

1825. *30 juillet*. Léon XII, approuve la décision
de la S. Congrégation des Rites, en ce qui
regarde les écrits laissés par le vénérable,
déclarant par là qu'il n'y a point lieu d'arê-
ter le cours de cette cause, et contenant la
clause : *Procedi posse ad ulteriora*, c'est-
à-dire l'ordre de procéder à l'examen des
vertus du vénérable Serviteur de Dieu.

1828. *19 novembre*. La Congrégation des Rites
tient la première séance dite *Antiprepara-
toria*, sur la discussion des vertus du vénérable, chez le Cardinal della Somaglia rapporteur de la cause.

1830. *5 mai*. S. Em. le Cardinal Placido Zurla
vicaire de Rome, nomme M. l'abbé Joseph
Righetti postulateur de la cause. à la place
de l'abbé Colonna, décédé.

1832. *18 janvier* S. S. Grégoire XVI, par décret
de la Congrégation des Rites nomme S. Em.
le Cardinal Placido Zurla Rapporteur de la
Cause, à la place de S. Em. le Cardinal della
Somaglia décédé.

1836. *27 Janvier*. S. S. Grégoire XVI. par Décret de la S. Congrégation des Rites, nomme Rapporteur de la cause S. Em. le Car-

dinal Charles Odescalchi, à la place de S. Em. le Cardinal Zurla décédé.

1836. *22 mars.* La Congrégation des Rites tient au Vatican, la seconde séance dite *préparatoria,* sur la discussion des vertus du vénérable Serviteur de Dieu, Benoît-Joseph Labre.

1839. *11 juin.* S. Em. le Cardinal Joseph della Porta vicaire de Rome, nomme M. l'abbé Jérôme Marucchi postulateur de la cause, à la place de l'abbé Righetti, décédé.

1839. *20 septembre.* S. S. Grégoire XVI, par décret de la congrégation des Rites, nomme rapporteur de la cause S. Em. le Cardinal della Porta, à la place de S. Em. le Cardinal Odescalchi.

1841. *3 août.* La Congrégation des Rites se réunit en pleine séance, en présence du Souverain Pontife Grégoire XVI, pour la discussion générale sur les vertus du vénérable Serviteur de Dieu Benoît-Joseph Labre.

1842. *14 janvier.* S. S. Grégoire, XVI, par décret de la Congrégation des Rites, nomme rapporteur de la cause S. Em. le Cardinal Constantin Patrizi vicaire de Rome, à la place de S Em. le Cardinal della Porta, décédé.

1842. *22 mai.* (Dimanche) (Fête de la Saint Trinité). Le Souverain Pontife Grégoire XVI, promulgue le décret solennel sur les vertus Théologales, Cardinales, et autres annexées pratiquées au degré héroïque par le vénérable Serviteur de Dieu, Benoît-Joseph Labre.

1844. *24 février.* S. Em. le Cardinal Constantin Patrizi, vicaire de Rome, nomme postulateur de la cause M. l'abbé François Virili, membre de la Congrégation des Prêtres séculiers du Précieux Sang, à la place de l'abbé Marucchi, décédé.

1844. On prépare pour la S. Congrégation des Rites, l'examen et la discussion des miracles opérés par l'intercession du Vénérable Serviteur de Dieu Benoît-Joseph Labre.

1848. *avril.* On accorde la vérification des miracles présentés par le postulateur Virili.

1853. Réunion anté-préparatoire relative aux miracles.

1857. *15 septembre.* Réunion préparatoire.

1859. *15 mars.* Assemblée générale au Vatican en présence de S. S. Pie IX.

1859. *2 juin.* Ascension. Proclamation du décret de béatification.

1860. *20 mai.* Béatification au Vatican. Fêtes de Rome.

1860. *15, 16, 17 juillet.* Fêtes d'Arras.

1860. *19 juillet.* Fêtes d'Amettes.

1861. *mars*. Le Souverain Pontife autorise la reprise de la cause du Bienheureux.

1866. *17 mai*. Fin de l'enquête de Montefalco.

1867. *31 août*. Validité des miracles de Rome reconnue.

1867. *5 septembre*. Décret proclamant la validité canonique des enquêtes sur les nouveaux miracles.

1870. *24 mai*. 1er examen des deux nouveaux miracles. Séance anté-préparatoire.

1872. *23 avril*. 2e examen des deux nouveaux miracles. Réunion préparatoire au Vatican.

1872. *19 novembre*. Réunion générale en présence de Pie IX au Vatican sur le même sujet. Renvoi du jugement définitif au 29 décembre suivant.

1872. *29 décembre*. Promulgation solennelle du décret des miracles par Pie IX dans la salle des grandes cérémonies au Vatican: « *Christum Dominum* » et allocution du Pape sur le Bienheureux.

1873. *14 janvier*. Assemblée générale en présence du Pape au Palais du Vatican des consulteurs et cardinaux pour décider « *An tuto procedi possit ad solemnem B. B. J. Labre Canonizationem ?* » — Réponse unanime par l'affirmative.

1873. *9 février*. Sentence décrétoriale de la canonisation, en présence de S. G. Mgr d'Arras. Décret: « *Qui dum inter homines...* »

1873. *7 juillet*. Grand pèlerinage d'Amettes.

1880. Commission « *ad dirimendas quæstiones* » nommée par Léon XIII, en vue de la Canonisation, composée des cardinaux Bartoloni Préfet, di Pietro, Ledochowschi, Serafini, Pellegrini, et de sept prélats romains.

II.

DÉCRET

DE

BÉATIFICATION DU VÉNÉRABLE SERVITEUR DE DIEU

BENOIT-JOSEPH LABRE

Tandis que la sagesse charnelle du monde, faute de suivre la sainte parole de Notre-Seigneur Jésus-Christ et la doctrine conforme à la piété, proclame heureux uniquement le peuple qui possède les richesses, la grandeur, la puissance, et que, la tête haute, elle brise toute dépendance en disant : Je ne servirai pas ; Dieu monte sur un trône de gloire, assis parmi les princes de son peuple, un homme humble et pauvre, tiré de la poussière, relevé de la fange, dont, aux yeux des faux sages, la vie entière fut une folie et la mort sans honneur. Et c'est bien, en effet, la sublime folie de la croix que présente à nos yeux toute l'existence de ce vénérable serviteur de Dieu, Benoît-Joseph Labre, qui, appelé par un inspiration toute particulière d'en haut à pratiquer dans le siècle un genre de vie plus rigide qu'aucune observance religieuse, quitta sa famille et se conduisit dans le monde de manière à rester entièrement étranger à tout ce que peut flatter les sens et l'esprit, ou rendre la vie moins dure. Ayant fait choix de la position la plus vile et la plus misérable, il refusa tout logement à son corps, et c'est en plein air, le plus souvent sur la terre nue, qu'il reposait ; il lui refusa des vêtements, et dans toutes les saisons de l'année, il était couvert des mêmes haillons usés, déchirés et souillés, que fixait à sa ceinture un débris de corde : il lui refusa la nourriture, et c'était seulement dans l'extrémité du besoin qu'il avait coutume de prendre quelque chose des restes qu'on lui offrait ou qui se trouvaient jetés parmi les ordures. Or, ces membres ainsi épuisés, il les soumit en même temps aux accablantes fatigues des longs pèlerinages et au plus cruelles macération uniquement occupé à la continuelle méditation des choses éternelles, dont il nourrissait et enivrait son cœur et toute son âme, comme s'il eût vécu parmi les Bienheureux du ciel plutôt que parmi les voyageurs sur la terre.

Cette manière d'être, directement opposée à la sagesse du siècle et surtout à la philosophie de nos jours, si orgueilleuse, si sensuelle, si soucieuse des biens qui passent, a été déclarée illustre en vertus héroïques par le Pape Grégoire XVI, de sainte mémoire, le 11 des calendes de juin de l'année 1842, et Dieu confirma ce jugement par des miracles manifestes.

Quoique parmi tous les prodiges opérés par l'intercession du vénérable Benoît-Joseph, il dût suffire, d'après les règles, d'en présenter deux acquis à la cause, pour obtenir la béatification, les Postulateurs, voulant offrir une démonstration plus manifeste et plus éclatante de l'intervention divine, ont crut devoir en choisir trois pour les soumettre à la S. Congrégation des Rites. Il en a été une première fois délibéré le 4 des ides de janvier 1852, dans la réunion *anté-préparatoire* tenue en présence du révérendissime seigneur cardinal Constantin Patrizi, évêque d'Albano, préfet de la S. Congrégation des Rites et rapporteur de la cause : ensuite dans l'assemblée *prépara-*

toire réunie au Vatican le 18 des calendes d'octobre 1857, et enfin dans le consistoire général tenu au même lieu, en présence de notre T.-S. P. le Pape Pie IX, aux ides de Mars de la présente année 1859, et dans lequel l'éminentissime cardinal sus-nommé ayant posé le doute : *Y a-t-il certitude des miracles desquels dans le cas et pour l'effet dont il s'agit ?* Tous les Eminentissimes Cardinaux présents et les Pères Consulteurs donnèrent chacun leur avis.

Après les avoir entendus, N. T.-S. P. le Pape, se conformant à la très-sages coutume des Pontifes romains, ses prédécesseurs, persuadé qu'il ne pouvait pas rendre une sentence dans une affaire si grave avant d'avoir imploré le secours de la lumière divine, ordonna de le demander avec instance. La chose ayant été ensuite examinée et sérieusement discutée avec Lui, après des prières réitérées, le Saint-Père s'est décidé à rendre un jugement suprême et définitif en ce jour même consacré à l'Ascension de Notre-Seigneur, où, dans une autre cause, celle du vénérable serviteur de Dieu Jean Sarcander d'Olmutz, il

déclara que l'on pouvait procéder à sa béatification.

C'est pourquoi, après avoir promulgué
cette déclaration dans la sacristie de l'archi-
basilique patriarcale de Latran arrivant à la
cause du vénérable Benoît-Joseph, N. S. Père
ordonna d'appeler le Révérendissime cardinal
Constantin Patrizi, évêque d'Albano, préfet de
la S. Congrégation des Rites, rapporteur de
la cause, et le R. P. André-Marie Fratini,
promoteur de la foi, et moi, soussigné, secrétaire de la même Congrégation, et en notre
présence, il a décidé solennellement, qu'il y a
preuve certaine de trois miracles, savoir ; le
premier, du second degré dans la guérison
instantanée et complète de Marie-Rose de Luca
malade de phtisie pulmonaire ; le deuxième,
du troisième degré dans la guérison instantanée et complète de Thérèse Tartufoli, affligée d'un ulcère invétéré, sinueux, fistuleux
et calleux ; le troisième, du second degré,
dans la guérison instantanée, complète de
sœur Angèle-Joseph Marini, atteinte d'une
obstruction invétérée, schirreuse, lapidaire de
la rate compliquée de symptômes graves et
de diverses autres maladies.

Le 4 des nones de juin 1859, Il a donné
l'ordre que le présent décret fût porté dans
les actes de la S. Congrégation des Rites et
promulgué.

> CONSTANTIN, évêque d'Albano,
> Card. PATRIZI, préfet. de la
> S. Congr. des Rites,

Lieu ☩ du sceau.

> H. CAPALTI,
> Secrét. de la Congr.

III.

LE 9 JANVIER 1878 AU VATICAN

(Univers)

— — —

« Vers dix heures, la salle du trône et les salles adjacentes étaient remplies par la foule des prêtres et des religieux qui avaient la faculté d'assister à cette cérémonie d'un caractère privé et essentiellement ecclésiastique.

« Le Pape a pris place sur le trône, ayant à sa droite et assis son Eminence le cardinal Patrizi, préfet de la congrégation des Rites ; à sa gauche son Excellence M. l'ambassadeur de France, M. de Corcelles, en uniforme, assis aussi, et tout le personnel de l'ambassade debout. Autour du trône se tenaient NN. SS. les Évêques d'Arras, de Nîmes, de Montauban, de Carcassonne, de Luçon, NN. SS. les Archevêques d'Otrante et de Québec, Mgr l'Évêque de Lorette et d'autres prélats.

« Mgr Bartolini, secrétaire de la Sacrée-Congrégation des Rites, sur l'ordre du Pape, a lu les décrets, puis les postulateurs des deux causes,

qui sont pour le Bienheureux Labre D. François
Virili de la Congrégation du Très-Précieux Sang
et le révérend père général de l'ordre des
Capucins pour le vénérable frère André de Burgio,
ont remercié sa Sainteté.

« Le père D. François Virili, qui a conduit à
une si glorieuse fin la cause à laquelle le royaume
de France est tant intéressé, a prononcé en
italien un discours dont voici le sens très-abrégé:

« Selon le temps où ils vivent, les saints ont
des vertus précisément opposées aux vices qui
dominent dans le monde. Parmi les vices du
jour apparaît un égoïsme implacable. Mais Dieu
a suscité le Bienheureux Labre, auquel on peut
appliquer les paroles du Psalmiste : *Induebar
cilicio ; humiliabam in jejunio animam meam et
oratio mea in sinu meo convertetur.* Benoît-
Joseph Labre a parcouru les divers sanctuaires
de l'Europe, portant partout l'exemple d'une
vertu héroïque, et plaise au Ciel qu'il trouve
aujourd'hui des imitateurs de son mépris du
monde et de son amour de Jésus et de Marie.
Grâce à la divine Providence, l'Église glorifie
devant ce siècle ce pauvre : *Suscitat de pulvere
egenum et de stercore elevat pauperem : ut sedeat
cum principibus et solium gloriæ teneat.*

« Le pieux postulateur a ajouté qu'il avait la
confiance que le Bienheureux implorait instam-

ment la miséricorde de Dieu, tant pour la France qui lui a donné jour, que pour l'Europe qu'il a parcourue saintement, pour Rome où repose son corps, pour l'ordre vénérable du patriarche séraphique auquel il appartient en qualité de tertiaire.

« Dans cette circonstance de glorieuse exaltation, a-t-il dit, je supplie votre Sainteté d'accepter les repectueux hommages de gratitude de la France catholique représentée ici par son excellent Ambassadeur, par divers Membres de l'épiscopat, entre lesquels le vénérable Évêque d'Arras, Boulogne-sur-Mer et Saint-Omer, qui a tant fait pour cette grande cause, ainsi que par beaucoup de prêtres de ce peuple très-chrétien. Je dois aussi présenter à votre Sainteté les actions de grâces des Romains, et entre autres de l'Archiconfrérie de la Trinité des pèlerins, dont le bienheureux fut Membre et quelquefois hôte, et de l'archiconfrérie des Amis de Jésus et de Marie, qui eût le Bienheureux pour frère et assistant dans les exercices du Chemin de la Croix au Colysée. Enfin, celui qui a postulé dans la cause du Bienheureux Labre dépose au pied du trône ses très-humbles remerciements et implore la bénédiction apostolique. »

Après ces paroles de D. François Virili, Mgr l'Évêque d'Arras a adressé au Saint-Père un discours latin dont voici le texte :•

BEATISSIME PATER,

« Liceat Episcopo Diœcesis Atrebatensis, Boloniensis et Audomarensis quâ ortus est B. Benedictus Josephus Labre, quam maximas Sanctitati vestræ gratias referre, non solùm pro illo decreto quo conditiones illius canonizationis tam feliciter absolvuntur, sed et etiam pro illâ tâm paterna benevolentia, quæ hanc meam ad limina Apostolorum visitationem hujusce decreti publicatione insignire voluisti.

« Utinam, beatissime Pater, brevi illucescat illa dies, quâ Beatus ille noster inter splendidissimos Basilicæ Vaticanæ apparatus, ab Ore Vestro supremo et infallibili, sanctorum fastis adscriptus pronuntiabitur, et sic ejus cultus, usquedum intra limites diœcesis meœ coarctatus, ad universalem Ecclesiam extendetur.

« Intereâ Ego et Diœcesini mei, pleno mentis affectu Sanctœ Sedi Apostolicæ addictissimi, supplices manus ad Deum Omnipotentem tendere non desinemus, quatenus dignetur, interveniente nostro Benedicto Josepho, cui tantum hic in terris splendorem contulisti, Sanctitatem Vestram diù sospitem, incolumemque servare, et istos mœstissimos dies abbreviare, in quibus tot et tantis undequaque amaritudinibus oppressa ingemiscit.

« Et nostra quidem Gallia hunc Dei Servum emisit tanquam Sanctitatis germen novellum, in Alma urbe enutriendum, fovendum, virtitutumque heroicarum floribus abunde exornandum! utinam et ipsa, tanto pariter interveniente Protectore, luctuosis difficultàtibus, quibus interius exteriusque detinetur, erepta, inveniat stabilitatem, tantopere exoptatam, et pristino decori reddita, erga sanctam sedem exhibeat illam Manum adjutricem, qua in sœculis præteritis gloriata est, et filialis ejus pietas quæ illi semper et honori et prosperitati fuit.

« Haec sunt, Beatissime Pater, vota quæ cum amplissima mea gratiarum actione, ad pedes Vestræ Sanctitatis deponere mihi pergratissimum est. »

Le Saint-Père avait écouté avec une visible satisfaction les paroles de Monseigneur l'Evêque d'Arras, il se leva alors et prononça un discours mémorable sur la situation de l'Eglise.

Nous en citons seulement la dernière partie plus particulière à notre Bienheureux B.-J. Labre et au Vénérable André de Burgio.

« Maintenant voici de nouveaux serviteurs de Dieu qui viennent à notre secours pour combattre l'iniquité moderne. Ils viennent, entourés de toute la splendeur de leurs vertus héroïques, pour terrasser les vices du siècle : l'orgueil, l'avarice, la luxure ; l'orgueil qui ne reconnaît d'autre Dieu que la raison ; l'avarice qui fait son Dieu de la matière ; la luxure qui met ses délices dans la fange immonde. Ce sont là les trois éléments de l'arbre de l'iniquité : l'orgueil en est la racine, l'avarice le tronc, la luxure les rameaux. A l'ombre de cet arbre viennent s'asseoir les bêtes les plus hideuses et les plus malfaisantes de la terre ; sur ses rameaux viennent se percher les oiseaux nocturnes et les oiseaux de proie.

« Ces deux serviteurs de Dieu paraissent et vont combattre pour l'Église : avec leur pauvreté, leur simplicité, leur humilité, ils vont vaincre l'orgueil, avec leur désintéressement ils terrasseront l'avarice, avec leur vie de chasteté et de mortification ils remporteront la victoire sur la luxure. Oh ! que vous êtes admirable, Dieu éternel et tout puissant, dans vos miséricordes ! L'Eglise va donc s'embellir et se réjouir, grâce à vous, de deux nouveaux héros, elle s'enrichit de la protection de deux nouveaux saints !

« Oui, l'Eglise, bien qu'au milieu des plus horribles contrariétés, ne s'arrête point, ne ralentit même pas son pas ! elle marche toujours avec célérité dans la voie de la vertu ; l'Eglise,

dont on maudit le nom, prie pour ses blasphé-
mateurs ; l'Eglise détestée par ceux qui ne la
connaissent pas, lève les yeux au ciel et dit à
Dieu : Pardonnez à ces infortunés, parce qu'ils
ne savent pas ce qu'ils font. Cette Eglise, en
effet, sait pardonner, Dieu lui accorde la grâce
suffisante pour cela : elle pardonne, elle prie
pour ses persécuteurs ; mais, lorsqu'il s'agit de
soutenir les principes éternels de la justice et de
la religion, et de défendre ce trésor de sainteté
et de vertu que Dieu a mis sous sa garde, oh !
qu'on le sache bien, le chef, quoique indigne, de
cette Eglise, ne baisse pas la tête devant les
injonctions du monde et du démon.

« Il ne baissera pas la tête, dut-il la laisser
sous le couperet du bourreau. Eh bien ! prions
donc Dieu et remercions-le de ces nouveaux
bienfaits qu'il nous accorde, et prions-le de ne
pas nous abandonner Certainement, il n'abandonnera jamais son Eglise : il ne l'abandonnera
pas, quoiqu'il semble à certaines gens que dans
ces moments-ci il nous ait oubliés. Non, Dieu
continuera toujours à regarder, à purifier, à
sanctifier son Eglise. En attendant, prions pour
cette Eglise, prions Dieu afin qu'il verse sur elle
ses abondantes bénédictions. Et puisque les
deux saints dont nous parlons appartiennent l'un

à l'Italie, l'autre à la France, prions Dieu qu'il bénisse particulièrement ces deux pays.

« Qu'il bénisse l'homme d'Etat qui dirige la France et qu'il lui insinue de meilleurs et toujours de meilleurs conseils ; à ceux qui gouvernent l'Italie qu'il répète les paroles que jadis il a prononcée dans la création du monde, quand le chaos régnait : *Fiat Lux*, afin qu'ils puissent sortir des profonds abîmes dans lesquels ils se sont jetés en marchant dans les ténèbres les plus épaisses et dans la nuit la plus orageuse.

« Que Dieu bénisse les millions de Français et d'Italiens qui sont constants dans l'accomplissement de leurs devoirs, qui tendent les mains vers lui pour implorer sa miséricorde, et élèvent leurs voix pour lui dire: *Miserere nostri, Domine, miserere nostri.* Qu'il vous bénisse vous tous, qu'il bénisse mes coopérateurs dans l'exercice de leurs fonctions, et puisque sur les épaules de moi, pauvre vieillard, pèse un grand fardeau, j'aurai moi aussi le droit de dire que si *Senex portat puer regat*, comme il est écrit dans l'office de la fête de la Purification que nous avons célébré dans les premiers jours de ce mois. Que J.-C. soit donc avec vous, qu'il soit avec nous, et nous inspire toute la force et le courage nécessaires pour soutenir les droits de l'Eglise, qu'il nous donne la patience et la résignation dans les

épreuves continuelles et dans les tribulations qui
viennent nous assaillir.

« Dieu fasse que cette bénédiction descende
sur moi, sur vous et sur tous ceux que j'ai
nommés déjà !

IV.

DÉCRET

DE LA

CANONISATION DU B. BENOIT-JOSEPH LABRE

Sur la question de savoir si l'approbation de deux mira-
cles existant, et après le culte de vénération décerné au
dit Bienheureux par le siège apostolique, il peut être
procédé sûrement à sa canonisation solennelle ?

— ✦✦✦✦ —

Celui qui, pendant qu'il vivait au milieu des
hommes, était pauvre, humble et méprisable,
le B. Benoit-Joseph Labre élevé après sa mort
au plus haut des cieux, revêtu des splendeurs
des saints et couvert d'une couronne incorrup-
tible de gloire, a été placé par le souverain
Juge des mérites sur un siège d'immortalité.
Mais pour qu'il fût exalté d'autant plus haut
sur la terre qu'il s'était humilié plus bas, le
Roi tout-puissant l'a illustré du pouvoir des
miracles, faisant connaître ainsi que ce Bien-

heureux personnage, qu'il a voulu honorer devant ses anges, devait être pareillement honoré devant les hommes.

Obéissant à la volonté divine, notre Très Saint-Père, Pie IX, Souverain Pontife, après l'enquête de la Congré gation des sacrés Rites, a décrété « qu'il constait de deux miracles » opérés par Dieu sur l'intercession du Bienheureux Benoît-Joseph Labre. Il ne manquait, pour que cette cause insigne de canonisation fût conduite à sa fin, que la même Congrégation des sacrés Rites examinât la question de savoir « *si l'approbation préalable de deux miracles existant, et après le culte de vénération décerné par le siège apostolique, il pouvait être procédé sûrement à la canonisation solennelle du Bienheureux Benoît-Joseph Labre ?* »

C'est pourqui, lorsque le révérendissime cardinal Constantin Patrizi, évêque d'Ostie et Velletri, doyen du Sacré-Collège, préfet de la Congrégation des sacrés Rites et rapporteur de la cause, eût posé cette question dans l'assemblée générale, tenue en présence de notre Très-Saint-Père dans le palais apostolique du Vatican, le dix-neuvième jour des calendes de février de l'année courante (1), tous ceux qui étaient présents, les Révérendissimes Pères cardinaux et les consulteurs, répondirent unaniment par l'affirmative. Cependant, le Saint-Père différa de rendre son jugement et exhorta les assistants à se mettre à prier, pour que l'Esprit-Saint l'inspirât favorablement dans ses délibérations.

Enfin, il choisit ce jour du dimanche de la Septuagésime, pour prononcer sa sentence décrétoriale, et pour cela, d'abord, il célébra le divin sacrifice eucharistique dans la chapelle privée du palais pontifical du Vatican ; ensuite, se dirigeant vers la grande salle et s'asseyant sur son trône, il fit approcher le révérendissime cardinal Constantin Patrizi, rapporteur de la cause, avec le R. P. Laurent Salvati, coadjuteur du promoteur de la sainte foi, et moi le secrétaire soussigné, et ceux-ci étant debout, décréta : « *qu'il pouvait être procédé sûrement à la canonisation du B. Benoît-Joseph Labre.* »

Il ordonna de promulguer cet édit, de l'insérer dans les actes de la Congrégation des

(1) le 14 Janvier 1873.

sacrés Rites, et d'expédier, sous bulle de plomb, les lettres apostoliques concernant la solennité de la canonisation, qui sera célébrée, un jour ou l'autre, dans la Basilique patriarcale du Vatican ;

Le cinquième jour des ides de février de l'an 1873 (1).

C., évêque d'Ostie et de Velletri, Cardinal PATRIZI, préfet de la Congrégation des saints Rites.

DOMINIQUE BARTOLINI, secrétaire de la Congrégation des sacrés Rites.

(1). Le 9 février 1873.

V.

BIBLIOGRAPHIE DU BIENHEUREUX LABRE.

La renommée étonnante que notre Bienheureux acquit l'année même de sa mort et qu'il a conservée depuis a donné lieu, en dehors des *vies des Saints* des *histoires de l'Église*, des articles des *Revues* et des *Semaines* à beaucoup d'ouvrages spéciaux, que nous ne prétendons ni connaître ni signaler tous.

Nous nous contenterons d'indiquer ceux que nous avons pu découvrir et qui nous ont surtout servi pour composer ce volume.

L'abbé Marconi fut le premier biographe de son illustre pénitent. Sa *Relation de la vie du Serviteur de Dieu B.-J. Labre, français,* qui parut à Rome dès le mois d'août 1783, fut immédiatement traduite et parut à Douai en 1784.

La même année, Benoît Morin, libraire à Paris, à l'enseigne de la *Vérité,* publiait la *Relation très-intéressante* (sic), des *Prémices de dévotion,* une *Neuvaine à Dieu,* dont Benoît Labre était le héros, et enfin un *Recueil de nouveaux miracles.*

C'est encore en 1785 que parut à Cambrai le *Mémoire historique* du doyen du chapitre de Wallincourt, ouvrage solide, sérieux, puisé aux meilleures sources.

En 1786, le directeur du petit séminaire de Paris, M. Lacausa publia un opuscule sur le Bienheureux intitulé : *Le vrai Pénitent de nos jours*, qui fut complété et réimprimé plusieurs fois.

Un peu plus tard, à l'instigation du P. Palma, Antoine-Marie Coltraro publia à Rome : *Vie du Vénérable serviteur de Dieu, Benoît-Joseph Labre*, adressée aux dévots du serviteur de Dieu. C'est un livre exact, mais mal digéré.

Au commencement de ce siècle, le grand libraire catholique du Nord, M. Lefort, de Lille, édita jusqu'à neuf fois la vie du Bienheureux, par les soins de M. Paternelle et de M. Decroix curés d'Amettes.

Londres, Vienne, Augsbourg eurent leurs éditions traduites ou originales, mais c'est le libraire L. Lefort encore, qui publia, en 1857, le travail le plus complet et le plus sûr :

Le vénérable Benoît-Joseph Labre, sa vie, ses vertus, ses miracles par M. Desnoyers en 2 vol. in 8°.

Cet ouvrage est une véritable mine pour tous

ceux qui veulent connaître notre Bienheureux.

En 1873, M. Léon Aubineau publia, chez Douniol, sa *Vie admirable du Bienheureux mendiant et pèlerin*, qui est bien une admirable étude, pleine de vie et de foi, de notre saint compatriote.

Signalons encore un abrégé de Lefort de 1860, celui de M. Robitaille enrichi d'une neuvaine, et spécialement : *Un mendiant au siècle de Voltaire*, par l'abbé Solasol, Auch, Cocharaux, 1877.

Mais la grande source de toute étude sérieuse sur le Bienheureux est la somme des *Acta* de sa cause, imprimés à Rome en cinq gros volumes in 4°, et qui renferment toutes les pièces de cet étonnant procès. C'est là que s'accumulent, depuis un siècle, en même temps que les monuments de la grandeur de Dieu, qui est admirable dans ses saints, les monuments de la sagesse de l'Eglise qui n'est nulle part plus admirable que dans la procédure suivie à leur égard.

Le manuscrit du procès de Boulogne (in f°) les Archives de l'Evêché d'Arras, le registre des pélerinages d'Amettes peuvent être aussi consultés avec fruit.

Enfin, voici les actes épiscopaux par lesquels nos évêques d'Arras, depuis vingt ans, répondent avec un zèle et une éloquence admirables aux actes de l'Eglise de Rome :

1º DE MONSEIGNEUR PARISIS.

1º Promulgation du décret de béatification du Bienheureux et mandement prescrivant une quête. 22 juillet 1859. (nº 91).

2º Instruction pastorale à l'occasion de la béatification et mandement de Carême pour 1860. 25 janvier 1860. (nº 99).

3º Mandement pour la fête de la translation des reliques du Bienheureux. 2 juin 1860. (nº 100).

4º Mandement après la béatification solennelle du Bienheureux à Rome, et annonce des fêtes d'Arras. 21 juin 1860. (nº 102).

5º Lettre pastorale après les fêtes d'Arras. 19 juillet 1860. (nº 104).

2º DE MONSEIGNEUR LEQUETTE.

1º Circulaire du 19 septembre 1869, pour annoncer la reprise de la cause, le terme des enquêtes sur les nouveaux miracles et la proclamation de leur validité canonique. Quête pour les frais des procès. (nº 33).

2º Lettre du   janvier 1873, publiant le décret qui ratifia les nouveaux miracles attribués au Bienheureux. Actions de grâces, annonce du voyage de Monseigneur à Rome. (nº 80).

3º Lettre circulaire du 16 juin 1873, annonçant le pèlerinage d'Amettes du 7 juillet. (nº 84).

4º Lettre du 21 avril 1880. Monseigneur, à son retour de Rome, annonce la prochaine canonisation solennelle du Bienheureux. (nº 165).

5º Lettre pastorale du 26 mai 1881, pour annoncer la canonisation du Bienheureux Benoit-Joseph-Labre, le 8 décembre 1881, et réclamer les aumônes des fidèles. (nº 174).

VI.

PRIÈRE AU BIENHEUREUX B. J LABRE

COMPOSÉE L'ANNÉE DE SA MORT

———◦◦◦◦◦———

Bienheureux Pauvre, qui avez été riche dans la Foi, et à qui Dieu a fait la grâce de connaître quelle est la vanité des richesses périssables de ce monde, et quels sont les avantages de la pauvreté chrétienne ; pendant que vous étiez regardé en cette vie par les mondains comme les ordures et les balayures qu'on rejette avec horreur, vous étiez l'objet de la vénération des Anges et de la complaisance de Dieu même, qui, en vous faisant vivre et mourir dans la pauvreté, vous avait fait le même partage qu'il a fait à son Fils unique, pour vous établir comme un des Princes de sa Cour. Vous souffriez à la vérité la faim, la soif, la nudité et les rebuts ; vous étiez errant, voyageur et inconnu ; vous étiez abattu de

lassitude par les rigueurs de vos jeûnes et d
vos pénitences qui ne vous ont quitté qu'à
la mort ; mais vous étiez soulagé, soutenu,
et fortifié par les consolations intérieures et
par les grâces les plus précieuses de celui qui
est le Père des orphelins et le Protecteur des
veuves. Tout ce que la pauvreté et l'austérité
vous ont fait souffrir sur la terre, est maintenant passé ; mais la récompense que vous
en avez reçue ne finira jamais ; et tant que Dieu
sera Dieu, c'est-à-dire, pendant toute l'éternité, vous serez enivré de l'abondance des
biens de sa Maison, et vous boirez du torrent
de ses délices. Ami de Dieu, priez pour moi,
afin que plus les biens de ce monde me man-
queront, plus je sois persuadé alors que
Dieu m'aime et que j'en suis véritablement et
plus riche et plus heureux. Ainsi-soit-il.

TABLE